原諒，為什麼這麼痛？

廖輝英 著

〈自序〉再混亂，情場還是有趨吉避凶的通則

從一九八二年我的首部小說《油蔴菜籽》發表以來，迄今三十二年，我持續關注台灣女性問題和兩性關係，並熱情而理性的給予許多世代的年輕族群和女性同胞有關感情、愛情和親情的各種建議。三十多年來，這些建言，有時透過電視和報紙媒體的新聞專訪或節目播出；有時則以專欄形式按時在報紙和全國學生雜誌上刊出，並接受讀者來信，針對自身困難提問。幾年來，這些專欄的閱讀率越來越高，因為它雖是個別讀者的問題，卻具有普遍的共相，幾乎是每個人都能從專欄「別人的故事」裡看到自己或自家的類似問題，從而由建議中得到幫助，釋放出重大壓力，也尋求到一個出口。廣大讀者信任我的用心和建議，不知不覺都直稱我為「廖老師」。

本書就是這幾年，我每週一次在《聯合報》家婦版「女人大轉彎」專欄所刊出篇章的重要選輯，以父母的角度和兒女的立場，提出各種長輩或子輩的愛情困境、家用多寡與對立、生男生女不同調之角力、子女擇偶之大落差、強勢父母之干預；愛情場域之大困難、大疑慮、大歧異；情慾或情愛、床伴或情侶？「情人，看刀！」危險情人之辨識與脫困要則；分手IQ與EQ；均衡平等的愛……

還有更多實境困境，如：帶種嫁人又離婚，如何向目前已婚的孩子生父要養育費？無意中成為小三，如何終結與男友的前女友共享他的窘境？當男友說：「我不想耽誤妳」時怎麼辦？分分合合七、八年的惡緣放不下；老媽的男友靠她養；父母不公平，只榨乾么女一人……等，很多家庭的共相，足堪借鏡。

近幾個月，國內發生許多駭人聽聞的情殺案，如果被害者或她們的父母有警覺性，知道如何避險、如何求退保命、如何妥善分手；如何協助會自殘或傷人的子女緩和情緒，或許這些案件都能化小或不會如此慘烈；如果父母能在更早之前對子女做情感教育，或許子女就不致如此激烈……每每想到現代孩子如何孤僻自處、難以溝通；又念及很多為生活辛苦打拼，心理與體力都無力顧及小孩困境的父母，同樣身為母親的我，不禁扼腕而落淚！

我知道很多感情事件都是個別而獨特的，但是處理它們的方式，其實有一定的通則可以活用。現代父母已經無法自外於子女的異常行徑，現代年輕人往往也無力從自己的感情困境中脫困。我就是用這樣的心情，自相似或不同的個案中理出一個通則，讓大家思索、反省、頓悟或對某些情境有所認識與警覺，希望有需要的人都能受惠。

當然，我也希望閱讀此書的讀者，能從這本書中得到很大的閱讀樂趣，因為，這本書曾得到多位主編和資深編輯慷慨的讚賞：「每一則故事都好好看喔！」

更重要的，我要祝福每一位看過的讀者：能從中學得如何愛和愛人，如何幸福與給人幸福！

目錄

提供戀愛到婚姻、結婚到仳離；
為人子女以至為人父母的諸多實際案例，
請看廖老師如何出招，在愁雲慘霧之中指點幸福的可能。

上輯

給在愛情中沉浮，也許屢屢受傷卻仍舊期盼幸福的妳

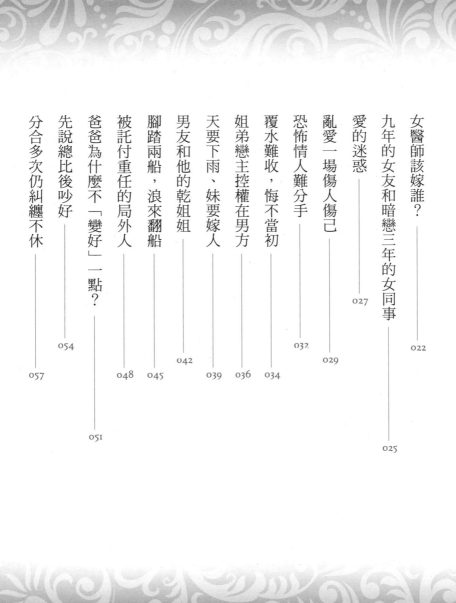

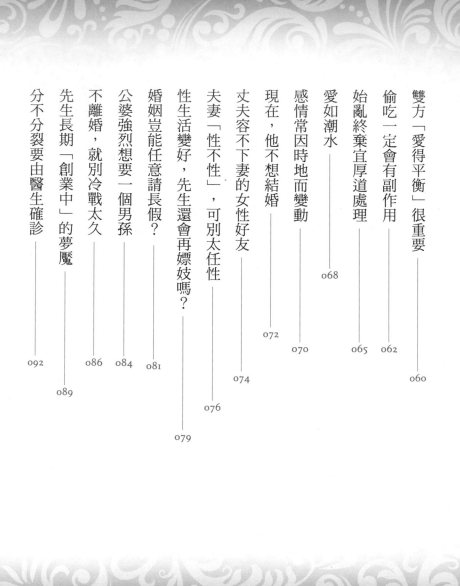

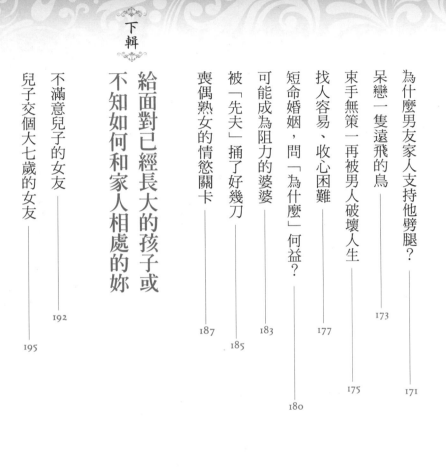

下輯

給面對已經長大的孩子或不知如何和家人相處的妳

給在愛情中沉浮，
也許屢屢受傷
卻仍舊
期盼幸福的妳

上輯

當「好孩子」的代價

優秀而乖巧聽話的L憂鬱得不得了！她很難過的寫道：

從小L就是父母心目中乖巧聽話的小孩，考上北一女一年後，全家移民加拿大，在國外讀完高中、大學，工作兩年之後回台。平時自覺與父母互動良好，但有幾次因交往對象不符父母期待而發生衝突，最嚴重的一次是與現在的老公交往六年時。老公的父母在傳統市場做生意，都只有國中學歷；而L的父親是外商公司經理，母親有碩士學歷；菁英對攤商，激烈反對到與女兒關係降到冰點。她珍惜男友對自己的好，但父母的態度讓她痛苦到幾乎得憂鬱症。靠著對上帝的禱告，六年革命終於得到父母祝福，在去年結婚。

但L的妹妹正好相反，脾氣壞到不只對父母不敬，甚至怒罵；交往對象也常無疾而終，工作不順更是動輒回家抱怨。爸媽常欣慰的說：還好他們還有一個L；媽媽更說：她這輩子最大的功課就是妹妹。

但這情況在一星期之內突然改觀。妹妹的新男友開著名牌跑車，以備受禮遇的姿態出現在她家，父母完全不掩飾對他的滿意：年薪多少、是公司經理、什麼背景……但卻避不討論他的第一次婚姻。想到父母與妹妹之前如何冷落與苛待自己老公，看到「麻煩精」妹妹才與男友交往一星期，父母便高調得像要舉辦婚禮！L一方面心疼老公被父母不堪對待、被妹妹落井下石；一方面也為自己過去的聽話孝順不值，更無法盡釋前嫌與妹妹及其男友親密互動……。她只想知道，如何看開和不在意？如何自在面對他們？

廖老師建議

妳完全明白自己的痛苦所為何來，也清楚目前最重要的是不再違反自己心意去取悅他們或應酬。既然已經將妳的心情和所受的委曲告知父母，不妨順便再多說一些：妳在這次事件中看見過去父母對妳的不公平與不仁慈，妳無法假裝忘記和無所謂。至少妳現在不想面對他們、更不想與妹妹及其男友應酬，妳必須有一段時間（由妳決定，或暫時先無限期放著，直到妳真正想面對為止）與他們中止來往，直到妳走過，而願意寬諒那天。假裝已無所謂是沒用的，因為火苗沒熄，往後定然不時爆發。

在這段時期，妳得好好的過日子，如果能出國去或好好的度個假也好，盡量把自己往有陽光的地方拉拔，直到心中也有陽光為止。

除開這些之外，我想談談父母的偏心。

父母偏心一定有之，人本來就有好惡、緣分也有好壞之分，父母的偏心更會因子女的乖不乖、可不可以要求、能夠軟土深掘嗎？而相對嚴重。換言之，父母對「好孩子」要求更多更嚴格；而對麻煩、不聽話的小孩要求很低，因為無法要求。「壞孩子」偶有佳作，反而容易意外獲得父母高規格的讚賞。而好孩子通常也容易掉入「用更多孝順來博取更多讚賞」的陷阱。停止這種追求，就是對自己最大的幫助。「以德報怨，何以報德？」以直報怨，可矣。也就是對父母盡該盡的情分，接受親人「合理」的期待就可，免得受到無情的傷害。至於妹妹的「婚姻」，管的人太多，妳就別管了！

幸福小祕訣：

父母太偏心，不斷提出不合理的要求，子女就該停止「用更多孝順來博取更多讚賞」！

父母暴烈反對女兒的男友

三十一歲的A小姐來信：

A與男友交往四年，因男友不合父母心目中高富帥的標準，僅有大學學歷，月薪四萬多元，她飽受雙親打罵和各種威嚇，反對手段激烈到令人受不了的地步。雙親求神問卜，斷言A如與他結婚必會很慘、夫妻不和等；繼而又單獨約出男友，當面向他撂狠話！對A則採各種高壓方式，一家人常常在家大吵，每次爭吵種種惡毒的話，都讓她覺得是場詛咒，父母則認為這種場面都是她造成的。A媽甚至預告說：A結婚那天她就去死，不然就要和A斷絕親子關係、永不往來！A知道父母這樣是要造成她的心理負擔和罪惡感，她已經不知要如何和他們溝通了！後來她曾建議家人一起去找專業心理師協助，結果被父母聯手痛毆，要把她打醒。

最後A只能搬出另住，自己去做心理治療，現在情況很好。只是仍希望父母能改變態度。幾年下來百般隱忍，無奈仍無法獲得父母認同，不知道接下來要怎麼做才好？

廖老師建議

男友不符妳父母心目中的標準，但男友雖沒念研究所，起碼也有大學學歷；外表不高不帥，只要準備和他共度一生的妳喜歡，局外人又有什麼可以挑剔的？至於賺得不多，有個四萬多元，在這景氣蕭條的環境，此等收入也算差強人意。

這件事前後已經四年，妳的父母始終沒變。家族中既無可以出面斡旋的有力人士，權威父母很難軟化。四年了，男友可以再堅持下去嗎？妳可隔些日子再放軟身段試一、兩次，再不行就結婚去吧。沒有父母的祝福，妳和男友更要相愛相諒、努力合作。婚姻幸福，或許父母以後可能默許這樁婚姻吧。

幸福小祕訣：

結婚若眞的無法得到家人祝福，二人更要相愛相諒，暫時將此事交給時間。

偏見讓族群成為莫須有之罪

三十一歲的Q小姐，想知道要不要再愛下去：

Q小姐初次談戀愛就遇到有理說不通的困境。她是客家人，大她一歲的男友為閩南人，在國營事業上班，二人算是很合拍，想不到初次要拜訪男方家就被男友母親阻擋；男友先是為她向媽媽說情，最後反因媽媽的堅拒而卻步，以「不想耽誤女方，請她另找他人」逐漸疏遠。

Q只知道男友母親對客家人有偏見，說得出來的是兩件事：第一件因男友老家鄰居常占男友家便宜，最後男友搬家才了事，那位鄰居剛好是客家人；其二，男友表嫂也是客家人，因娘家發生經濟困境，未告知表哥家即挪用夫家財產，差點讓表哥家破產。

雖然前兩件都算個案，但男友媽鐵了心，連第一次面都不給見，她委曲建議：她父母都是現職公務員，家境小康；如男友媽不放心，她可簽夫妻財產分開制、公證結婚，若是男友媽還是不喜歡她，婚後她就在外租屋，不用男友家一毛錢……

如此委曲求全，還是得不到任何正面回應。家人都為她不值，要她放下男友，另找對象趕快結婚。但是，一段感情，如何說放就放？

廖老師建議

妳的這件事，已經不是要退讓多少才能成功或求全的問題，而是對方母親的偏見和執念，即使是表面上說的「因為妳是客家人的關係」，說不定也是個假理由。以我之見，此事只要看男友的態度就知已至絕境，只是他採取的是漸進式分手，才會讓妳以為尚有餘情。放手、轉念、另起爐灶，才是妳該走的正道。一份感情，如果需要一方如此放棄尊嚴，委曲而無法求全，那就是錯的。是什麼族群如何可以成為原罪呢？不要自己去坐實這莫須有的罪名。

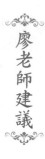

幸福小祕訣：一份感情，如果需要一方放棄尊嚴，委曲而無法求全，那就是錯的。

女醫師該嫁誰？

某大醫院三十五歲女醫師來信：

女醫師有兩位可婚對象，二人都已相處大約兩、三年，甲是四十出頭的男醫師，相貌、身家俱佳，媒人穿破戶限，但他沒工夫相親和交友，有次女醫師上吐下瀉通知他，他竟回她：「妳自己是醫生不會處理嗎？通知我幹嘛？」乙是男護士，三十出頭，比她小，體貼幽默，陽光男孩，更是病房裡的開心果；此人勤快肯幫忙，女性緣特好；只是收入不及她一半，約會大多由她支付，她怕將來家用和孩子費用可能也要由她全付……他年輕、女人緣好，會不會只看上她的錢？

因她有點年齡，所以傾向在二人中擇一而婚；可親友都叫她另擇良木再嫁。究竟該如何取捨才好？

廖老師建議

妳與甲、乙都相處兩、三年左右，二人都有意結婚，只是各有缺點。甲條件優越，儼然金龜婿人選，二人因工作互動頗談得來，但他實在太忙，沒時間管妳死活，由上吐下瀉那次的經驗看來，這種人可能成為好丈夫嗎？

但乙太會討人歡心了！好多女孩子暗戀他，他也會幫忙處理生活中的雜事；只是，他好像太心安理得的享用著妳的金錢付出。

妳有眾親友團幫忙分析優劣，但他們卻無由感受妳的愛情歡愉，反而疑慮多於愛悅，如果只是迫於無奈的有限選擇，事後翻悔，代價未必付得起。

甲醫生自視甚高，缺乏異性相處經驗，如果有人點撥他付出關懷，或可以有更一步的進展。但前提是他必須能知改進。而對乙，妳好像更疑慮重重——請更確切了解他的女性關係和對妳的感情。

更重要的是：不要被小環境給圈住了！不管什麼年紀，都要給自己一個交友的開放大空間：朋友介紹或相親，都是很好的方法。要積極，但別匆忙，給自己更多機會，比趕進度重要多了！

幸福小祕訣：給自己更多空間與機會，比趕進度重要多了！

九年的女友和暗戀三年的女同事

L先生的苦惱是這樣的：

L有一交往九年的女友A，但這三年來卻被女同事B深深吸引，他們三個人是同事，A和B還是好友。L對女友A早已沒有激情，但卻無法拋棄她，可也找不回結婚的衝動。也很清楚因自己愛上B而對與A結婚之事裹足不前，也因之生出許多不滿，譬如認為女友未把自己放在第一位，她的心思全在她家人身上、L希望女友能打扮漂亮一點、覺得女友完全不了解他……L暗戀B，礙於A而無法向B告白，但平時卻對她極好。現在，B要離職了，這三年暗戀造成他心中無法了結的遺憾，他想去向B告白（他認為只是很單純的告白，並沒有其他想法），甚至形容自己對B「愛到卡慘死」，只是害怕告白後會連朋友也做不成，結果可能會讓他和A的情感生變，也不知與B之間會如何？心裡煩擾不安且舉棋不定。想知道我可以給什麼意見。

廖老師建議

現在你對女友應該已沒有多少愛情了！剩下的只是忌憚他人的觀感而已——大家認為你和她結婚只是遲早的事，在這種情況下，只有女友可以不要你，你卻不能不要女友。

顯然你們的感情已面臨重大危機；而這件事的處理要有先後次序。你應該先和女友懇談，釐清二人的感情，特別是你自己的。誠懇溝通，如果愛還在，看二人是否能夠化解危機、也都願意一起走下去。至於別人的看法或向B的告白，前者不重要，而後者就不必要了。先釐清你自己的感情，即使真的走不下去了，誠實以對，才是對交往九年女友把燦爛青春花在你身上的最深賠禮；總比不愛卻硬用結婚綁在一起來得負責任吧。

幸福小祕訣：愛情長跑後，即使走不下去，也應誠實以對，才是對對方將燦爛青春託付予自己的最深賠禮。

愛的迷惑

迷惑不定的J小姐想問：

去年才剛畢業的J小姐，目前在某市就業，已有固定男友，但近半年來卻「單戀」隔壁的男店長，雙方只有數面之緣，未交談過；暗戀中發現他也喜歡拍照，二人這點興趣相同，J很想與他交朋友，礙於自己天性害羞不擅搭訕，想主動卻又覺怪怪的，半年來內心折騰很厲害；雖知道現在有男友該專情，但心裡就是有股情不自禁的感覺，他走出來，她就忍不住會多看幾眼；經過他店門口，她更會特別往店裡面看。她想問這樣要怎麼辦？

廖老師建議

隨著社會風氣大開，年輕人遇見異性的機會也增加，很容易發生同時或先後愛上兩個以上異性的事件；甚至有些人交往許久，好不容易才下決心要結婚；或已訂婚、已結婚，甚至喜帖發出去了，才發現自己或對方竟然有另一位割捨不下熱戀中的異性。這已不是天方夜譚，我處理過或身邊親友發生這種事的有好幾起：有人明知道自己更愛新人，卻得給交往很久的女（男）友一個名分或婚禮的交代；也有人則繼續過著有小三或小王的日子，直到事情爆發，讓三個當事人和所有親人都陷入苦難，問題也更難解決。

妳的固定男友應該不在妳身邊，或者交往太久，感情陷入低潮。總之，在一段時期中只愛一個人，應該是對愛情最起碼的尊重。但是，妳那麼輕易就被一位連話都沒講過的男孩打動，就表示不是男友太弱，就是妳太寂寞了。我想，隔壁店而已，會注意到對方應該是很自然的事，但那店長似乎對妳視而不見，會不會他另有女友？或者妳不是他的菜？與其在那裡單相思，不如有技巧的找兩店的其他員工幫忙，有進展最好，沒進展更該好好弄清楚自己對男友的感情，別拖拖拉拉，害人害己。

幸福小祕訣：**在一段時期中只愛一個人，是對愛情最起碼的尊重。**

亂愛一場傷人傷己

分手後才感懊悔的N小姐來信求助：

N與罹患小兒麻痺的男同事互有好感，最近二人先有了性行為才開展出約莫半年的交往，N可能是對男方又愛又嫌（嫌他身障，卻愛他其他部分），既被他吸引，卻又無法克服對方身障對她造成的世俗困擾，既愛且恨（恨自己的成分其實還更多），自己搞不清楚、又不知如何紓解，只能用攻擊對方和他的身障傷害他。

或許吵過頭了，爛仗打不完，男方於是提議用一筆金錢結束二人的關係。可「思念總在分手後」，拿了錢分手的N，反而忘不了他，求助宗教、心理諮商都無解，只有更執著。她對自己的行為，尤其是傷害了對方很懊悔。該讓時間平息這一切嗎？這段時間她又該做些什麼？

廖老師建議

要我坦白說的話，妳其實是喜歡對方的，但另一方面，卻不能免俗的嫌棄對方的小兒麻痺。也許妳已經想到日後是否繼續在一起的問題，不知道自己能否無視於他這弱點而全心的愛他？更不知道父母、親人會不會支持自己？當然還有他人的眼光或閒言閒語妳撐不撐得住？所以壓力更大，導致明明是歡愛之中卻控制不了自己去傷害對方，甚至針對連他自己也無法改變的身體缺陷攻擊他。

這當然是不智也非仁的舉動。不過傷害已經造成，結論更是以金錢了結。這時若再去挽回，不僅事倍功半，而且二人心中也都留下傷痕，真的是後悔莫及也徒勞無功。

妳對男方有好感，但還不到此生不渝、非君不嫁的明白堅決。很多身殘心不殘的好男好女，他們的光采得有慧眼才看得見。

妳問現在該做些什麼才好？我覺得不是問要做什麼，而是什麼都不做，修心養性，讓一切過去。

幸福小祕訣：

有時候不是要做什麼的問題，而是什麼都不做，讓一切過去。

恐怖情人難分手

被判出局還不時遭臨檢的J來信問：

J與交往一年多、又互相提分手的男友A至今仍糾纏不清。她上一任男友是團隊主導人，所以二人工作常有接觸，A知道後大暴怒，說她背叛了他！並說只要與其他男性友人單獨相處就觸犯他的大忌。最近的一次，她和多年男性好友單獨吃飯，因怕A阻擋，只以「朋友」搪塞。回家之後他查手機和電腦紀錄，大發脾氣，將手機摔壞！把房間也摔得一團亂，怒罵她許多難聽的字眼，二人關係開始崩裂。事後和好，他雖後悔摔東西罵人，但卻再罵她背叛男友，是不值得信任的女人。

二人互相提分手，但租屋處就在同一樓層斜對面，他不時敲門要求進房，天天檢查她是否與其他人聯繫，又再談起她的「過錯」；要不就酸她：「怎麼沒去找新歡？」他不時要求分手又再求和好，舉棋不定；好的時候就像正常情侶，對她疼愛有加；但她實在害怕他隨時翻臉。她沒做任何對不起他的事卻沒了信任，不時接受他的尖銳攻擊……要如何讓他不再攻擊她？還是該立刻搬家切斷聯繫？

廖老師建議

A的情況是典型的危險情人表現。一個人的醋意高漲到毫無理性，足見這人多麼沒有自信、缺乏安全感。因為無法信任女友，他就以掌控的手法企圖讓女友乖乖聽話。不過，有那一個人會一輩子只守著這種可怕的男友過日子？又如何避免和其他異性朋友有社交或工作上交接之事？也就是，沒人能這樣病態的生存。

妳應該趁二人吵架時徹底斷交，而且搬得遠遠的，還得一段時間暫不交男友，等對方徹底死心之後再建立新社交；而且不要再貪歡復合，他比妳想像中可怕多了！

幸福小祕訣：

正視恐怖情人的危險性，盡量遠離！

覆水難收，悔不當初

悔不當初的C小姐來信追悔：

大約三年多前，C小姐為了現任男友而向在一起十三年的前男友提出分手。前男友追討以前借她家的錢，借據上的借款者是她爸媽，但前男友逼她簽下連帶保證人，借款有三百四十萬，總計需要十八年才能還清（我估算一下，一個月約莫得還一萬六千元左右）。爸媽年老，這債就她一個人背，至目前為止，都按時還錢。

負債是一回事，現任男友約莫沒什麼錢，沒伸援手。或許是前後跟兩任男友在一起的際遇太懸殊，每當她遇到不順心的事，就引發悔不當初的憾恨！往往一句話或一個畫面，就會讓她想起與前男友在一起的點點滴滴……看到周圍的朋友過得很快樂，她就會落入莫名的沮喪中；甚至會想，如果現在還和前男友在一起，應該已然結婚生子，而且生活富足。如果重新來過，她不會這樣選。其實前男友對她很好也很愛她，只是在一起太久，她都忘記了！雖然悔不當初，她也知道回不去了，只是，應該怎麼走下去？

廖老師建議

我其實是無言的，這是自己做的決定，自然也須承受所有的後果。不過，就這樣說好了，如果妳和現任男友感情好，他不是多少該支援妳一點錢？負債要背十八年，的確很辛苦。妳說看到周圍的朋友過得很快樂，就會落入莫名的沮喪中云云。綜合看來，現任男友在金錢上和情感上應該都沒讓妳有受呵護的感覺，妳該檢視一下這份感情才對。如果可以，請再和前任男友協商一下債務總額與償還細節。快樂點吧！即使做錯，也是早幾年的事，不要罰自己太多。

幸福小祕訣：自己做的決定，自己須承受後果；但即使是選擇錯了，也不要罰自己太久。

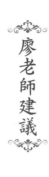

姐弟戀主控權在男方

不甘放棄姐弟戀的賴小姐想問：

賴小姐的戀情剛萌芽，與男友在聯誼中認識，不是一見鍾情，但因聊得來，也交往了一個月。之後迫於姐弟戀的困局，雙方都有「修成正果必有困難」的共識，所以決定分手。但明明雙方都很有fu卻必須叫停，這結局叫人不甘心。賴小姐想知道現在喊卡是對的嗎？還是要克服困難爭取自己的幸福？

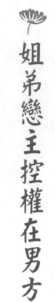

廖老師建議

現代社會姐弟戀的情形越來越普遍，當事人與父母、親人之間為此衝撞爭執、對立痛苦的情況也隨之增多；相對的，彼此累積出來的對應之道，也逐漸成為某種社會成規。可以這麼說，有很多姐弟戀到後來修成正果；但也有很多實例被迫分手，在暗夜中哭泣。

其中的兩大因素在相差年歲和男方的堅持度。

粗略的說：如果女方大男方不超過四歲，家人阻力比較小；大七歲以上，通常都會引起不小的家庭風波，尤其是如果女方已屆高齡產婦的關卡。

這時就要看男方的態度決定戀情可否繼續。若男方很堅持、有非結婚不可的決心，通常家長最後都會勉強同意。不過，有些二十七、八的男子，並沒有結婚的迫切感；相對於女友的三十五，二人步調必有差距，在父母反彈與女友催逼壓力下，男方會有遁逃的意念。這是致命的姐弟戀魔咒。

在妳的狀況裡，男方已預知父母的反對，才會知難而退；之後妳還期待他會堅持下去嗎？請冷靜考慮。才交往一個月，雖會痛苦，但比起長期抗戰的煎熬與不確定，這樣是對的。

一開始就橫亙著大困難的感情，當對方也遲疑時，值得女性冒險用大把青春去搏嗎？

幸福小祕訣：

姐弟戀成功與否取決於男方夠不夠堅持，若男方先遲疑，女方也不必冒險賭青春。

天要下雨、妹要嫁人

Linda心急如焚來信敘述：

Linda的妹妹宗教信仰堅定，因宗教關係認識一位在信仰上非常契合的男性，此男坦承自己負債兩千萬，女方父母因此勸阻二人繼續來往。沒想到妹妹陽奉陰違，家人又查出此男是詐欺前科犯，與其母為共犯，欺騙單純年輕男女投資，騙取金錢捲款避不見面，案件仍在審理中。家人將查到的男人底細告訴妹妹，妹妹居然很篤定的說這些情形她都知道；而且即使情況如此糟糕，妹妹因信仰堅定，所以對這婚姻也很篤定，將婚姻全賭在信仰上，完全不理現實。不為家人苦口婆心所動，執意要結婚；Linda不知要如何勸阻妹妹？

廖老師建議

妳妹妹交往的男人，擺明了是用「坦白從寬」的策略。本來你們家人以為只有負債兩千多萬「而已」，殊不知還有詐欺的案件在審；而且家人詢問他與妹妹交往的關係，他也言詞閃爍，令人無法信賴。

有句諺語說得一針見血：「天要下雨、娘要嫁人」，什麼人有辦法阻止？如果妹妹已成年（我相信她是），她堅持要與不能信賴的對象結婚，即使是親人也只能止於勸勸罷了。結婚這種事，本身「想要」才是重點，有時信仰只是被拿來當藉口而已。我覺得你們家人現在只有在財務上盡量保護妹妹或自家人別受損失，也努力別讓她被擔保等事所牽累，其他其實也無法做什麼。這種事必須未雨綢繆，請教專精的律師事先防範。

說來殘酷，明知不妥仍要往下跳的婚姻火山，不讓她跳，她怎可能痛醒？未婚者，很少有人對不良婚姻會讓自己人生付出多大代價有所覺悟。

幸福小祕訣：

不良婚姻會讓自己付出莫大代價！

男友和他的乾姐姐

不知該如何看待男友與乾姐姐關係的Q小姐來信：

Q和男友交往一年，最近論及婚嫁。本該高興的事，卻因男友有乾姐姐令她十分不安。男友曾和前女友（美容師）及乾姐姐（老闆娘）住同一屋簷下，後來男友與前女友分手，卻與乾姐姐過從更密；據男友說，乾姐姐很喜歡和男人搞曖昧，而且有許多男友，每次都與不同男人出去。但男友卻堅稱二人清白，並稱跟乾姐姐保持交往有好處，如買傢俱，她可介紹便宜店家；被人欺負，她可叫黑幫處理。

交往約會時，男友言必稱乾姐姐，談及很多她的事；且男友與Q出去玩，每次必定買禮物送乾姐姐；乾姐姐和她家人的電腦故障，都是男友前往維修；甚至3C產品都是他買給她。男友對她超乎常情的好，讓她很不舒服，二人也吵過架，她強烈懷疑他們有曖昧。可男友堅稱他和乾姐姐是姐弟關係，絕無曖昧。Q很擔心如果婚後才發現姦情，那可怎麼辦？

廖老師建議

妳的男友和他乾姐姐的關係的確令人猜疑，感覺上，乾姐姐在男友心目中是第一位。和乾姐姐交往可得到的好處，一點也不重要，而且黑幫豈有白白出面的道理？這反而顯示乾姐姐的複雜。

我覺得妳男友與乾姐姐過從太密令人不安。在結婚前，我建議妳請人查清楚男友與乾姐姐的關係，若確有曖昧，男友看來應該無法離開乾姐姐，也許該離開的是妳。我甚至懷疑男友與前女友分手，一定與乾姐姐脫不了干係。如果男友真的愛妳，而且與乾姐姐確無曖昧，為了婚姻幸福，更應疏遠乾姐姐、甚至完全斷絕來往，長期曖昧是有危險的。

很多人因某種因素無法相守卻又不願分開，常以乾姐弟、乾兄妹互稱，可進可退，也往往成為「此地無銀三百兩」最典型謊言。

幸福小祕訣：另一半有長期曖昧對象要小心！

腳踏兩船，浪來翻船

大二女學生Z的好友替她來信問道：

Z本有男友Y，但Y當兵期間她不耐寂寞，又與自己學校的工讀生X交往，並且愛得很甜蜜。兵變這種事本來也算尋常，問題是Z並非徹底兵變、完全愛上新人，而是腳踏兩條船：一方面和X正式雙宿雙飛；另一方面又繼續與Y維持曖昧關係，趁著X不在時跑去找Y，又喜歡在兩個男孩面前提起另一方，弄得X、Y都非常生氣。

徘徊在兩男之間，Z一直無法做出選擇，她說只要向X提分手，他就情緒激動還會自殘，儘管她常向好友抱怨X，但又陷溺在二人強烈的性愛中無法自拔，就這樣遊走在兩男之間，看似痛苦，卻又好像樂在其中。她應該怎麼做才能愛得對？

廖老師建議

Z看似二人都愛，其實她已在X的行為上看到危險和困難，只是可能不像內行的局外人一樣，嗅得出真正危險的味道；另一方面，Y服役中，到底不能像「老百姓」一樣自由；所以X的存在，對她有性與方便性的兩大吸引力。表面看起來，說不定也讓她在同儕間感到自己遊走兩男之間很風光。

不過這只是暫時的。等到Y退伍之後，他不是選擇離開，就是可能與X發生正面衝突，那才是Z最困難的時候。

我的建議是她應認真看待X的危險性，別繼續玩火。要離開X，必須先完全捨棄兩男，再以示弱方式斷離X。換句話說，不能用另有男友而捨棄他的方式離開，而要以己身的重大困難或病痛求去，讓X放棄。

不要小看危險情人的致命性。也別繼續浪蕩的做劈腿女。腳踏兩條船，浪來時很可能會被打下海底的。

幸福小祕訣：

請不要腳踏兩條船，而忽略大浪來時的危險！

被託付重任的局外人

不忍好友為別人感情所苦而來信的H女說：

就讀某校的H，有位不同班的男同學D，最近為了別人感情的事，莫名其妙背負了一項任務，因為有點棘手，而向H求助。二人都有點煩，不知怎麼辦才好？

據說D班上同學感情很複雜：甲男與甲女原是男女朋友，但甲女太愛生氣，甲男因而提分手，甲女也答應了！甲男這位搶手貨很快又交了另位女友乙；乙女與D男是好友，偏偏甲女不久之後告訴D男想與甲男復合，這令D男大感困擾！他想和平處理這件事，不想失去任何朋友，雖然乙女是他好友，但甲女突然對他掏心掏肺，他真不知如何才能免於得罪所有朋友？

廖老師建議

其實這件事很簡單，台灣話有句諺語：「公親變事主」，這本來不干D的事，只因想吃回頭草的甲女一番請託，就把根本都不想當和事佬的D拖下水。D如幫甲女請託，一定得罪乙女；不幫的話，好像會得罪甲女，一下子，所有的責任忽然都到了他肩上，很不對勁呀，不是嗎？這其實是甲女的事，送還給她就是了！

人有時不能太鄉愿，不是自己的事，尤其事關好幾個別人的感情問題，局外人越攪越亂。D可以委婉的告訴甲女：「這是你們兩個人的事，我插不上手，可能妳得自己告訴甲男。」如果因此得罪甲女，這樣容易開罪的朋友，只怕很難侍候，以直相待就可以了。

在學時候，交男女朋友很大一部分是學習：認識異性、了解兩性的不同；更能從分合中得到許多可以改進或避免重蹈覆轍的交友經驗。記住：分了就別再回頭去求復合吧，尤其人家已另有新人時。

幸福小祕訣：

分了就別再回頭去求復合，尤其人家已另有新人時。

爸爸為什麼不「變好」一點？

看不慣爸爸行徑的大四女學生I來信：

I生長在看似正常的家中，但從有記憶以來，卻一直看不慣爸爸的某些行徑。他寡言，不算壞爸爸，雖會做點倒垃圾、晾衣服之類小事，不過常常不想承擔責任、答應不再犯的事卻一犯再犯，譬如騎腳踏車的興趣，瘋狂到造成別人「健康上的擔憂」，甚至假借各種名義出門騎車。長年令媽媽生氣，原因不勝枚舉；媽媽用盡各種方法溝通都無效，她看不下去，心疼媽媽，有時會直接罵爸爸。

I認為爸爸本性難移，會永遠如此，把媽媽視為理所當然，不能給媽媽幸福。哥哥在外地工作，雖知道爸爸個性，但I和媽媽怕他擔心，不敢多說。

到底有沒有辦法讓爸爸「變好」呢？

廖老師建議

妳認為爸爸不夠好，時常讓媽媽生氣，但他還稱不上是「壞爸爸」。就妳所寫的信來看，他最大的惡行就是熱愛騎腳踏車，讓家人擔心；而且常以編的假藉口出去騎車。除此之外，還有什麼數得出來的「罪行」？

如果來信沒有隱匿爸爸其他的罪行，那麼這個爸爸，雖稱不上模範或標準，倒也不是不顧家的父親，甚至還有可以忍受女兒「直接罵他」的好脾氣。從另一個角度來看，會不會是媽媽一直沒有妥協？爸爸懶得說明？這樣說或許對媽媽不公平，但婚姻有時就是如此，彼此妥協讓步；爸爸會以假藉口出去騎車，就是不想當面吵架；雖然他我行我素，但媽媽決定留在婚姻中，就應自求出路與活動，不必陷入父親的「危險自行車活動」；更不該把子女拖進去，影響全家的情緒。

妳可以同理勸母親看開，鼓勵她找自己的娛樂或生活；妳攪進去，無助於父母的婚姻。

幸福小祕訣：父母的婚姻可能看來稱不上十分美滿，但二人都留在一段關係裡自有原因，兒女不必跟著攪進去。

先說總比後吵好

已婚卻對娘家未來弟媳的態度非常憂心的N女士來信詢問：

N的小弟前不久交了女友，後來女友也入住娘家。剛開始好像沒發生什麼事，直到某次小弟帶女友到北部玩，順道找N吃飯。那餐飯吃下來心情很不痛快，因為小弟女友都沒講話還擺著臭臉。

過不久就常聽媽媽說：小弟女友到家裡完全不和二老問好，有時還對爸媽視而不見；在家裡一定不主動交談，讓父母很難受，明明住在自己家裡，為什麼要看她的臉色？

有一次，媽媽還到她房裡主動示好，她卻背對著媽媽也沒應聲，媽媽覺得很難過，也不知她在擺什麼譜？每天都會看到她，所以父母能閃就閃、可躲就躲。二老心裡難過向N訴苦，卻又交代N不可向小弟講，怕小弟找父母吵。偏偏小弟又告訴父母他年底準備和女友結婚，要住家裡。媽媽已經焦慮到不知怎麼辦才好？N想問：她是嫁出去的女兒，有立場和小弟談這件事嗎？

廖老師建議

問題不是妳有無立場，而是妳出面有效嗎？夠不夠力？

但是，這樣的媳婦進門肯定有事，現在兩老已經惶惶不可終日，娶進門氣焰肯定更高。沒家教的年輕人，婚後一定讓公婆更不好受。聽起來好像小弟是被寵壞而不能「談」的樣子，父母很怕小弟，小弟又寵女友。不知有沒有小弟比較敬重的親長，或說得上話的平輩、長輩都可，偕同父母問問女友有什麼不滿？如無不滿，希望她改改態度，如果不行，爸媽日子過不下去，就請年輕人結婚搬出去住。即使都沒這種說得上話的親友，總有鄰里長之類可以做「公親」，問問女方有什麼不滿，找出可以共處之道。

總之，長輩不能一味躲，否則問題早晚會爆，那時怎麼辦？

幸福小祕訣：

婚前溝通，總比婚後問題擴大而吵架好。

分合多次仍糾纏不休

不知該選舊人或新人的Ａ小姐來信：

Ａ小姐在大學時交往一男友，分分合合、斷斷續續在一起，前後也有五、六年以上了。二人總是因一些小事，例如洗碗、書沒放整齊之類爭吵分手；有一次她將男友的書放書包而折損了書封，他氣到將書扔到地上，發了一頓狠脾氣！因此而分手，過一段時間又復合。

Ａ小姐自己個性也很直，有時可屈服、有時更強硬。去年分手後，她交了新男友，他沒另交新人。現在前男友到她住的城市工作，和她聯繫想去看她；後來覺得不妥沒來，但卻打亂她平靜的生活。即使相愛，但就是沒辦法在一起嗎？Ａ想問未來應怎麼選擇？

廖老師建議

妳和前男友交往分合，分手次數比交往年數還多，且分開原因都是為了一些小事。如今因他想再相見的電話，就把妳的心給攪亂了！

我認為，愛情不是扮家家酒，一份交往多年的感情，竟會因細故分手那麼多次，如果不是因為這份感情不深、不值得維護；就是顯示那些造成分手的細故都比女朋友來得重要得多，所以不惜用分手來表示憤怒。

看起來妳對那份感情比前男友來得情深，既已有了新男友，前男友一通電話又令妳心意動搖。我很懷疑你們是對等的「愛情」；更懷疑前男友的個性真的沒問題？這麼多年妳輕易容忍，讓他呼之即來揮之則去，再和解一次還不是會重蹈覆轍？他不來最好，妳該好好全力往前走了。

愛情裡很重要的要項是：適合、仁慈、尊重和包容，這些才是能夠相處下去的核心價值。過去的書封、洗碗和吵架小事，看起來都比妳重要得多。他真的愛妳嗎？

幸福小祕訣：

愛情裡很重要的是：適合、仁慈、尊重和包容，這些才是能夠相處下去的核心價值。

雙方「愛得平衡」很重要

雖然愛他、卻也滿腹委曲的湯小姐來信說：

湯小姐剛跟分手四個月的男友復合，之前分手原因是她常逗他、故意惹他生氣，遇到問題會爭論或挑釁，漸漸的消磨掉他的耐性。分手後，她非常懊悔。

之後，男友另交新女友，但新女友有公主病，他覺得還是湯小姐比較好，所以二人就復合了。但現在男友的重心卻不在她身上，在他的事業。他想要一個人的時候，她就不能去找他，朋友也都說他太自私。

但得以復合，湯小姐很珍惜，變得小心翼翼，深怕再惹他生氣，很多話不敢說開，怕說了吵架；復合後男友也在做調整，譬如對她晚歸或與其他男性互動，已不再動怒。

大多數時候，湯小姐很清楚他們的關係不公平，卻因太愛他，非常珍惜這段感情而壓抑著。但有問題卻壓抑著更痛苦，兩頭為難。

廖老師建議

復合後，妳不敢重蹈覆轍，一味順從。一切順他的假面和平之下，卻是那麼難過的受創之心！

二人在一起，最重要的是要愛得平衡，也就是彼此相愛、而且愛得均等，這樣才能平等互惠。愛得太多的人，在整段戀情中會一直提心吊膽，必須承擔較多風險；而愛得少的會得到較多的好處，也有比較多的選擇，較易見異思遷。妳顯然是愛得較多的人。

一段彼此都很公平的關係，會建立比較好的溝通，以及對話上的平等。一方一味順從的關係很難持久。復合後男友對妳晚歸或與其他男性互動，已不再動怒，究竟是情淡還是心態調整？妳患得患失之際，先弄清這件事。而丟掉平等的地位，如何期待美好的戀情！請好好與對方溝通；如果因溝通就失去，這感情又有什麼難捨的？

幸福小祕訣：**如果因溝通而失去，這樣的感情不要也罷！**

偷吃一定會有副作用

背著男友和青衫至交上床的M小姐來信求心安：

M與男友交往五年，自去年五月開始，男友赴美求學，二人必須分開十三個月。雖是遠距離的愛戀，但M信心滿滿的說：「我們非常非常相信彼此，毫無信任問題」；只是，去年十月初，她卻因生理需要，毫不猶疑的與青衫至交上床。

剛開始她自認很愛男友，所以對自己和好友「睡了」很自在，毫無後悔。可是日子一久開始不安。

她想知道：背著相愛的男友偷吃別的不愛的男人是錯了嗎？她想帶著這出軌一下午的祕密，一輩子都不跟男友說，這樣對嗎？還是冒著男友離她而去的風險坦白一切？

廖老師建議

整件事必須分兩部分來看，首先是偷吃這部分：偷吃前後，妳的毫不猶豫與全不後悔，令我大吃一驚！「忠誠」在愛與婚姻當中，是極端重要的一項條件，因為，無論世道如何演變，不忠誠一定會撼動婚姻之本，所以婚姻首要條件就是這項。

尤其妳的上床對象是自己的好友，之後二人要如何相處？不可能再像從前，反而很容易擦槍走火。以妳這種可以輕易和肉體需求妥協的個性，男友出國五個月就偷吃；剩下八個月有個上過床的好友在身旁，真的可以控制得住？

「偷吃」要說是罪，未免嚴重；不過偷吃卻理直氣壯的人畢竟有點站不住腳。

但如果要繼續和男友走下去，一輩子死守住這個祕密，當然是上策。我並不贊同偷吃這件事，再重申一次：任何一方偷吃，都足以撼動婚姻或愛情的根本。為愛忍耐不算多長的無慾生活，不是合情分的嗎？

幸福小祕訣：

忠誠是愛與婚姻之本。

始亂終棄宜厚道處理

ＹＯ先生的人生規劃與女友沒有交集，困擾不已：

三十歲的ＹＯ先生與大五歲的女朋友已交往四年，同居且共同創業的二人現在感情出現裂痕，據ＹＯ說他計畫且覺得三十八歲是他的適婚年齡，但屆時女友已四十三，要生小孩似乎很困難；而他是堅持家庭完整、一定要有下一代的；且無法容忍女性整形的他，最近又確認女友曾隆乳過，更想徹底切割！多次嘗試溝通想結束這段感情，女友總是歇斯底里又哭又鬧要自殺，搞到鄰居差點報警。

ＹＯ無法尋求理性分手，壓力大到每天失眠、又得面對生活。他很懊悔當初對未來不夠深思熟慮，現在該怎麼辦呢？

廖老師建議

雖然你口口聲聲說愛女友，但從你敘述的諸多理由中，並未看見所謂愛意；你的人生規劃裡，也完全沒有女方的位置。如果相愛又希望有小孩，馬上就可與現成女友結婚；就是不愛了，才會故意訂出自己的適婚年齡，想叫女友知難而退。

我常說女大男小的結局，主控權在男方，變節的常是男方。但現在不是討論是非的時候，而是得善了處理。愛情變了，一方要走、一方不放，而且以死相脅。要走的你，應找出能對女友有約束力及可進言的長輩或朋友，好好疏通。我覺得應先從事業分開，愛情上先放手的人，理當在事業上吃虧承讓一下；而且真要分手，合夥事業先拆，最少是個開始。你也別想從合夥事業上分什麼金錢回來，當作分手費，起碼對女方有些許補償安慰作用；再以必須回鄉養身體、重新拼事業之類的正當理由將同居生活結束。我不是教男方全身而退，而是想保全被棄的女方。交往小情人之初，情變正是大風險之一，無論男女都該謹慎評估。而一旦愛已逝，放手才有更生的機會，抓住不放，羞辱的只是自己。

幸福小祕訣：

一旦愛已逝，放手才有更生的機會。

愛如潮水

F小姐為愛情質變而心傷：

F小姐和男友談了三年的感情，她是大學生，他近三十。相愛的前兩年棒極了！男友將她捧在手心上，情甜意濃，相處好到不行，雙方也深信彼此會堅定的走下去。直到去年他考上警察，開始忙起來，有時電話找不到人，她就會很擔心、開始沒有安全感；而他卻覺得她的愛讓他窒息。

這之後常爭吵、難溝通、不愉快。不久前，他說彼此該好好想想能不能為彼此改變且走到最後？

他還在想，曾說希望把她當家人。雖然假日還是帶她去玩，但害怕問題沒解決再在一起，萬一將來還是決定分手，那豈不會再傷她一次？所以，她很怕等下去卻等不回從前的感情，但又放不下……

廖老師建議

妳的男友剛當上警察，將來還想更上層樓再考司法單位，未來只會更忙，如果妳因習慣被寵、對愛不妥協，日後雙方只會更爭吵不休更痛苦。所以雖然現在有假他就會帶妳出去玩，吃喝玩耍，但他也明說不要妳再等他，不想耽誤妳。

我想二人之間確曾真心愛戀過，但環境改變，雙方無法有效溝通，男方已經打退堂鼓了！只是尚有依戀，也說不出更狠的話。妳內心其實也深知男友的決定，但他一直找妳出去玩，讓妳對「愛情會回來、他也會回來」充滿過度而不真實的期待。我建議妳要清醒過來，男友可能想給妳一個緩衝期，妳也覺得一直出去很痛苦，那就長痛不如短痛，斷了吧！雖然殘忍，也算提早自救，堅強點！

幸福小祕訣：**失去愛情的緩衝期不如早點清醒，長痛不如短痛！**

感情常因時地而變動

不知如何是好的S小姐來信：

S小姐因為居留和工作問題而離開加拿大及同居五個月加籍男友，對她來說，雖已認定男友，但她也深知，為了和他在一起，得花數百萬辦移民或留學，對她而言是絕不可能的事。要回台時朋友對她說：「他夠愛妳就會娶妳，讓妳可以待在這個國家。」

臨行前男友允諾八個月後計畫懷孕、一年後在台灣結婚。但離開後不久，男友提出他的疑慮：他無法克服剛離婚（分居一年、離婚半年且有三個孩子歸前妻撫養）就再婚且馬上再生孩子的心理障礙（因為三十五歲的S很想結婚，尤其更想趕快生育）。他也說不想讓她失望，也沒要分手，所以二人就結婚與生育這兩個問題持續溝通，目前仍無結論。

S認為她可以理解男友的疑慮，但她對馬上生育很難讓步，她問我要如何才好？

廖老師建議

妳想要和男友結婚、甚至急著懷孕這件事，我能理解。只是，我同時也看到了困難。

妳目前有工作和居留的問題，雖然妳自己認為真正的問題不在這裡；不過，我想這應該是必須正視與解決的重大問題之一。沒有身分要找正式工作非常難，所以妳得先回台灣賺點錢、也同時想想未來可以在加拿大做些什麼。最簡單的方法就如同先前妳要回台時朋友對妳說的做法，真是一言中的！的確如此。

不過，我認為不是愛不愛的問題，而是有愛到要娶一個馬上就要懷孕的女人嗎？妳逼得太急了！也許是因妳三十五歲，又得考慮沒有當地居留權的緣故，才會因不安而變得欠缺思慮吧。別逼他，讓他更愛妳、給他一點時間——讓「愛情」自然熟成吧。

幸福小祕訣：有時愛情需要一點時間自然熟成，別逼得太急！

現在，他不想結婚

Eva與交往五年的男友，現在遇到一個大關卡：

Eva當初與男友交往就是以結婚為前提，男友對未來很有計畫，一退伍就工作存錢打算買房結婚，在她經驗豐富的情史裡，他是唯一可靠的人，因此她決定將未來託付給他。

去年，他們買了房子，頭期款向女方父親借了一百二十五萬，裝潢費兩百多萬他全額付，又向自己的媽媽借四十萬買傢俱；最重要的是：他主動將房子過到她名下。

有了房子，今年二人開始半同居生活。但問題也隨之而來：女方家人開始問她何時結婚？她爸甚至直接說：房子都有了，看能不能今年就結婚？

男友聽到這些關切，開始害怕到她家、也怕見到她爸；她一提結婚，他都有理由推托。她很怕也像許多朋友一樣，同居多年最後卻分手收場；她知道不能給他壓力，問題是她已三十四歲，比他大三歲，她還能等多久呢？且結婚用逼的，又有什麼意思？

廖老師建議

我們偶然會聽到落跑新郎或落跑新娘這類事，結婚是有壓力的，臨陣脫逃往往都是因抗壓力突然崩盤的緣故。

妳男友已有婚姻恐懼症，不管妳幾歲，現在都不要對他施壓，否則適得其反。妳也別自己嚇自己，如果感情沒變，緩個半年、三個月再看情況好好溝通，也許他忽然想通，或有其他契機可以推波助瀾也說不定。不要逼他，但可以表達一下妳的失落和小小的哀怨，在一起那麼多年，妳總知道他吃那一套吧。

把身體養好，將感情保溫加熱，然後和緩一下家人的焦慮。等幾個月再說吧。

幸福小祕訣：

結婚是有壓力的，若另一半已有婚姻恐懼症，別逼，給他一點空間。

丈夫容不下妻的女性好友

為了婚姻只好割捨好友的Lisa來信：

六十三歲的Lisa，未婚時就業三年，結婚生子之後就一直當全職家庭主婦，子女都已就業。數十年前她在職場交到兩位女性好友，在各自結婚後仍持續保持交往；只是其中一位多年前曾與Lisa的老公有一點不愉快，老公一直不喜歡她。最近因她打電話約吃飯，惹怒Lisa老公，質疑那有老婆不挺老公、硬是和他不喜歡的人來往？甚至氣到嗆老婆：「如果要跟她出去，就把行李一起帶走！」雖經子女居中調解暫時沒事，但這種激烈的情形卻重複在家中重演。

兩個月後朋友要娶媳婦，喜帖寄到家中一定又會惹怒丈夫，而且子女也不斷勸Lisa「家和為重」。Lisa朋友很少，和她很談得來，現迫於家中壓力，也只能捨去朋友；只是，要如何向她開口？

廖老師建議

很多丈夫獨大的家庭都有這種現象，太太大半輩子奉獻給這個家，卻連交個朋友都不行！他們不知女性朋友之間不是只會「喝咖啡聊是非」，有時那正是紓解壓力的出口。

不過，以妳家的狀況來看，我認為除非妳準備離婚鬧家變，揭竿起義，否則無法繼續保有這個朋友。丈夫究竟和妳那位朋友有什麼仇？記恨至今？子女也都希望妳順服，我看以妳的個性，會以家為重而忍讓；所以，找個機會打電話（妳不會連打電話都不自由吧？丈夫整天在家嗎？為什麼妳和朋友見面他都知道？）給朋友，誠實而委婉的把困難告訴她，不必粉飾，她會了解。

只是，我更想勸妳做另一件事：別整天鎖在家中，去學點什麼，找些活動參加，別把自己悶死。

幸福小祕訣：交友若不得已無法得到另一半支持，也要找點活動參加，別把自己悶死。

夫妻「性不性」，可別太任性

婚齡十年、後悔莫及的H女士很想挽回婚姻：

結婚頭幾年自認婚姻生活非常美滿的H，隨著孩子出生日漸忙碌，當時曾要求丈夫幫忙，但丈夫可能年輕貪玩、沉迷於網路，非但未伸手扶持妻子，還顯得很沒耐性。而要求沒有得到回應的H脾氣也不小，往往怒氣沖沖的指責丈夫。久而久之，丈夫更無心幫忙；而太太則以拒絕性愛來懲罰他。婚姻的後半段，二人越行越遠，不性也不交談，十年婚姻出現重大裂痕及危機。

由於不知名的原因，H最近回心轉意，積極想挽回婚姻，鄭重而誠摯的向丈夫道歉。丈夫雖已接受道歉，但也表示無法接受她的愛，更對她已無任何性趣。H深自懺悔，想知道如何才能挽回婚姻和性生活？

廖老師建議

老實說，所謂婚姻非兒戲，指的就是這種情況：不爽時，由著自己的性子，什麼事都說得出、也做得出來；幾年後又不曉得那根筋扭到，積極想要復合。可當初把對方當作流浪狗般一腳踢開，現在招招手就想要對方盡快回來，想得太容易了！再沒骨氣的人最少也得一段時間才能抹平傷痕。

妳看來做事很積極，可以先弄清楚先生現在有沒有別的女友；如果沒有，可以持續努力讓感情加溫，我想，住在同一屋簷下，如無意外，機會很多，也應多表達正面的感情給對方。同時也該讓先生與孩子建立好的親子關係，把家的氛圍找回來。努力夠多，積怨才有辦法慢慢消除。

但是，如果他已另有第三者，那可能又是另一回事了！說到底，拒絕關愛與溝通好幾年，等於親手將婚姻送上斷頭台。大家都別太任性吧。

幸福小祕訣：婚姻非兒戲，即使再不滿也不要一味拒絕溝通。

性生活變好，先生還會再嫖妓嗎？

和丈夫自大學認識至今十九年的W女士來信：

因W堅持婚前（九年）不肯有性行為，所以丈夫忍得很痛苦。婚後她對性行為仍放不開，不僅沒興趣，且因疼痛而多所逃避。懷老大加餵母奶，停機還分房兩年，之後平均兩週一次；丈夫大約在這段期間開始密集嫖妓，即使在想懷第二胎而積極做人期間，也沒停止過。直到汽車旅館的帳單被她發現才停止。

她念在二十年感情及平常顧家的份上原諒丈夫，承認自己長久以來忽視丈夫的真正需求，以及他身為男性和丈夫屢屢求歡被拒的心理傷害；丈夫一直隱忍，二人也從未真正溝通或企圖解決。說來奇怪，從此以後她做愛不再疼痛，性生活好到如魚得水，她也不再拒絕丈夫求歡。

只是，即使如此，她仍惴惴不安：自己快到四十歲，更年期不遠，會不會應付不了丈夫的性慾而又讓他再出軌？丈夫會不會再犯？如果再犯，她一定離婚……

廖老師建議

妳在獲知丈夫嫖妓之後，雖然憤怒卻也真心反省，事情發生，還好夫妻二人都能以家庭為念，回頭彌補夫妻性生活，破除妳以前一做就痛的魔咒，也重新開發丈夫天天想做的性慾，同時挽救夫妻的感情危機和性生活，真是天大的運氣。

至於妳擔心的，我的想法是：更年期有醫藥和親密軟膏幫忙，不要杞人憂天。至於丈夫會不會「嫖妓成癮」重蹈覆轍，應該審慎觀察；如果夫妻能同心向好，而丈夫依然癖癮成性，那時再看是否得求助專業醫師或諮商師。在此之前，請充分享受一個幸福少婦的性福；並偶爾注意別讓情色三七仔用「在學大學女生」來釣妳先生就好。

幸福小祕訣：**更年期夫妻性生活問題可求助醫藥，不必太過擔心。**

婚姻豈能任意請長假？

想再回到先生身邊的小Ｋ來信：

小Ｋ從戀愛的第三年開始，便和男友分隔兩地，她在中部、他在北部。婚後北上同住，從懷孕四個月開始，她陸續向先生和公婆表達想回中部的意願，但他們都表示她現在薪水很好，回中部的話薪水太低，大家都覺得保持原樣就好。所以小Ｋ就繼續上班。

剛開始帶小孩時，小Ｋ的脾氣變得不好，先生覺得她很兇，所以不想生第二胎。

在這之後，小Ｋ就帶著小孩回中部去了。去年結婚第五年，先生提分手，說二人個性不合；今年小Ｋ告訴先生她想回去，先生說他以為二人已達成和平分手的共識，他說人生已過半，未來他想過自己的人生；但希望每週都能看到小孩，希望她也一起陪小孩出去玩，二人只做父母不做夫妻。小Ｋ答應了，卻說她好害怕、她很想回去……她不知道要怎麼做才能恢復他們的感情？

廖老師建議

妳剛懷孕就頻頻提「回」中部的意願，可能是不適應婚姻生活或北部日子；也可能當時丈夫與婆家給妳的支援不夠。但是，婚姻豈能恣意請長假？以並非必須的理由執意且長期離開婆家，定有後患。

長期分隔兩地的夫妻，比較有機會讓對方或第三者逮到機會瓦解婚姻。我不知妳丈夫要求分手的真正理由是什麼？後面會不會有女性的身影？

害怕分手、想要回去就該弄清狀況，勇敢說出，挽回丈夫。我不知現在還來不來得及？

我還是要說，年輕時不能太任性，要走就走，一走三、五年，把對方的感受置於何處？那三、五年間，一個人的情境和心境變化有多大？等到變局已成，要挽回就不是「努力」兩個字可以達成了。

幸福小祕訣：

多考慮對方的感受可以讓婚姻更美滿。

公婆強烈想要一個男孫

結婚五年、育有兩個女兒的T小姐來信訴說煩惱：

目前T的先生獨自在台北工作，她和兩個女兒及公婆住在台中，她白天要上班，晚上回家，兩個女兒都由她一個人照顧，老實說雖不到蠟燭兩頭燒的地步，但壓力也夠大的。

生完第二個女兒之後，公婆認為先生是獨子（有一姐和一妹），所以積極而堅持執著的要求她再生一個，甚至要求兒子和媳婦去做精蟲分離術，一定要生個男金孫；還說願意二十四小時幫兒媳照顧老三。

T覺得都什麼時代了！竟還要她為男孩而繼續生！她說：「天哪！我該怎麼辦？」

廖老師建議

妳的來信中，好幾個地方談到對於公婆要妳生男孩的要求時，用「我們」代表妳和先生的態度是一致的，也就是先生與妳一樣，都認為兩個女兒就夠了，不必因為想生男孩再度懷第三胎。

我不知道妳的先生是否真正且確定不想再生一個男孩？還是只因妳的強烈反彈而安撫妳？要確定他是否確實表裡如一，而且不會因父母的執著而最後終至變卦。如果先生可能在幾年後改變心意，這樣的假設事實是可能影響夫妻感情的。

畢竟那是先生的父母，但他遠在台北，不必每天站在第一線面對公婆的執意；我覺得應該「情商」他和公婆溝通，不要只讓妳長期獨自面對公婆的疲勞轟炸。我也必須說，對抗公婆這種執念，過程非常辛苦，要二人同心，委婉而持續的努力溝通。

幸福小祕訣：

要對抗公婆的舊時代觀念，先要確認夫妻同心，然後就是委婉持續努力溝通！

不離婚，就別冷戰太久

與老公相持不下的Amy說：

其實已沒那麼愛老公，可是為什麼還很在意他？之前Amy與老公嚴重爭執後陷入冷戰，沒有互動已一段時日，家裡氣氛很糟，彷彿空氣凝結了、快要窒息；不知要如何面對及和解？心裡既矛盾、困擾又掙扎。

問題的根源很難解決，因為個性不合極難溝通，價值觀差太多；二人個性都強，老公尤甚：大男人主義、傳統、固執、保守、脾氣壞、不體貼、凡事負面思考。而她又當不了小女人。

而且不知是不是更年期的關係，感覺很憂鬱。好長一段時間雙方僵持不下，也怕孩子受影響。要怎麼辦才好？

廖老師建議

二人住在一起，太沒有距離的相處，一不小心，就會互相傷害；傷害而錯過和解契機，如果再加上冷戰，就更是雪上加霜。

依妳所述，所有問題都是「古時候就存在了」，冰凍三尺非一日之寒。但妳以硬對硬，只有越走越遠。雙方能互相妥協、各自退讓一步是最佳狀況，不過看來好像不太可能。所以必須有一個人先軟化：二人相處那麼久，再硬的臭石頭也會有妳看得到的縫隙，只看妳願不願意先在態度上做出讓步，先伸出和解之手而已。

婚姻是很難的一件事。既不確定要離婚，就先努力一下吧。一直和對方爭強鬥勝，顧了面子失去裡子，又要考慮孩子受影響，自己更煎熬。有時示弱反而可以得到更多。至於在那些「點」示弱，就只能靠自己的經驗、觀察與智慧，畢竟那是妳的男人，沒有人比妳更了解。

不慣示弱，就心理建設一下，無關乎大、小女人。一旦放得下身段，那就海闊天空了！至於更年期症狀還是該求助醫生，尤其妳的情況有點小嚴重。

幸福小祕訣：

硬碰硬往往讓二人漸行漸遠，總要有個人先軟化，先伸出和解之手。

先生長期「創業中」的夢魘

小魚兒女士的夢魘如下：

小魚兒二十六歲時與父母雙亡、貧苦自勵、以助學貸款讀完研究所的先生結婚，本來夫妻二人都任公職，雖然先生很少幫忙家事或教養子女，但二人從無殼到買屋、由小房換大房，前十年家庭算是穩定和樂。

但十年前，先生以優退方式離開國家研究機構，並以優退金一百五十萬與幾位同事一起創業。家裡的房子是在她名下，但他把所有錢都投到公司。先生創業後絕口不談公事、也不讓她過問，說女人干預，會讓公司拆夥。她只知初期他約領原機構半薪、沒年終獎金，初期無薪一年多。且前年他把自己積蓄五十五萬借給公司，又向她週轉一百二十五萬（這錢已在她強力追討下歸還）。

公司長期沒起色，他在她強力要求下答應要辭職另找工作，但遲未行動。逼問下才知他去年又簽下公司的銀行貸款擔保人，這是一年一簽，十幾個股東沒人要擔保，都是他在保。他說公司訂單一直多而穩，他想把公司救起來；萬一公司倒了，他另找工作，大不了每月被扣薪水三分之一，不會影響她和孩子。但如果他不簽，公司就倒了！如今，她才意外得知：原來先生持續在為公司向銀行借款三千萬當擔保人！這晴天霹靂讓她開始思考：是否要離婚以保全房子、家庭與未來生活？

廖老師建議

先生長期「創業中」，又背負公司那麼大的貸款保證人責任，身為他的配偶，老實說，風險與壓力都太大了！先生的行為當然太過自私，但現在追究也無補於事。離不離婚妳現在也還未確定，比這更重要的應該是趕緊保住妳自己和家庭，這二者的財務一定不能受先生擔保之累而受損或失去。

不離婚，很煩心；要離婚，情未斷。離不離，妳都得辛苦下去。我的建議是：現在妳心意未定，先不管離不離婚；但財務的事一定不能受先生擔保之事損失或失去。這是法律專業的事，應請教律師（費用不會很貴）如何避險，辦一辦。這才是最重要的事。

幸福小祕訣：夫妻之間財務狀況若有危機，又暫時不會離婚，趕快請教律師如何避險爲上！

分不分裂要由醫生確診

飽受先生疑似精神病折磨的E女士，在離不離婚間煎熬：

婚齡二十多年的E女士來信，婚姻前半段，先生溫文儒雅、忠厚體貼；雙薪家庭，夫妻和睦、子女乖巧。但後半段先生卻全然變樣了！辭掉薪水優渥的工作，之後求職一直不順；個性也大變，多疑、惡意攻訐，每況愈下；夫妻連相敬如「冰」也難，先生甚至懷疑E與各種男人有外遇，讓她身心俱疲，覺得再也撐不下去！

她上網查資料，直覺先生所有表現就是精神分裂，她想離婚求個寧靜，卻也怕傷了孩子，深懷罪惡感。更認為「如果丈夫罹患的是生理疾病，自己一定能無怨無悔照顧他」。因此又徘徊無解。

廖老師建議

如妳來信所述，這婚姻目前確實有如地獄，要不要保全孩子、要不要至少讓自己能在安靜不日日受拷問的情況下生活而尋求離婚，我認為都應該認真考慮。妳背負沉重的罪惡感與壓力，由妳強調的「如果丈夫罹患的是生理疾病，自己一定能無怨無悔照顧他」可知，妳肯定不是個「只能共歡樂卻無法共患難之妻」。我能夠體認妳的困境與態度。

只是，不堪同居的惡疾，特別是精神病，一定要專業醫生確診才算，不能上網對照症狀就算。我建議妳應該尋求明理的公婆協助，勸服先生接受診斷和治療；不管能不能有效治療，最少這是現實上的必須。而且，對妳來說，經過這一番努力，自己心理上的罪惡感或遺憾將會大大減輕！起碼，這是對那一段原本美好的婚姻、以及曾經努力盡心過的丈夫，最誠心的一聲「謝謝」和緬懷。屆時，婚姻維持與否的巨大壓力，就不會那麼沉重了！

幸福小祕訣：

另一半若疑似有精神病，先由專業醫師診斷確認並接受治療再說！

告狀大丈夫

被愛告狀的先生搞得烏煙瘴氣的小白兔來信訴苦：

妹夫每次夫妻吵架，就打電話給岳父（即小白兔之父）和妹妹的每個朋友抱怨，弄得家醜外揚、妹妹很難堪。當初他們交往時，小白兔就很反對；如今妹夫的這種行為，也影響到小白兔的婚姻。

原來，小白兔的先生也學起妹夫的告狀手段，打電話給岳父，希望岳父能改變她的想法。丈夫向岳父告狀，乃肇因於婆媳姑嫂間的生活小摩擦（姑嫂同住）無法解決之故。小白兔覺得尊重長輩並不一定得委曲老婆，種種困擾讓她決定不再與婆家同住。丈夫夾在中間，覺得自己父母觀念很難改變，乾脆放棄溝通而直接學妹夫向岳丈告狀，但這卻非常令她困擾難堪。婚前他並不會如此，一再溝通無效，她要如何制止？

廖老師建議

妳丈夫的做法，其實是把理該夫妻互相溝通的責任，轉嫁到岳丈身上；自己置身事外，甚至也不試圖化解父母與妻子之間的衝突。這樣的行為實在頗不可取。婚姻才開始不久，小事不解決，彼此無法直接溝通，反將事態往外擴大，侵擾老人家；長久下去，我認為婚姻不生變也會紛擾不斷。如果妳自己無法搞定，那就去請諮商調解一下。

婚姻是相當有難度的工程，無法處處都要論理或理論。有時即使理直，也不能一味氣壯；誰都不肯往後退一步，那要如何做親戚？妳或許年輕氣盛，在很多事情上自認沒錯，不肯忍讓，先生又不懂寬解；但婆媳妯娌進退之間，真的是一門大學問；有時不管對錯，仍然必須要有忍讓的時候，讓先生看到妳的「忍讓」與委曲，他才會偶然出頭為妳講些好話。所謂溝通，不就是彼此協調出一種雙方都可接受的模式嗎？

幸福小祕訣：

「溝通」是要協調出雙方都可接受的模式！

不是三十萬的問題

Tracy小姐來信說：

當初和先生沒交往多久就結婚了，她說是「昏頭」之故。現已結婚兩年多，而且育有九個多月大的寶寶。

最近卻因「錢」的事讓她操心極了！她和先生一直努力存錢要買房子，之前先生問她有無存款，她坦白回答有三十萬元。但小孩生下之後，存款減少了！她擔心某一天先生要她拿出來時，發現不足三十萬，先生對錢很計較，會有糾紛，擔心到害怕的程度，也已向銀行申請增貸（已核准，尚未撥款），打算用這個補足三十萬的「虧空」部分。想問還有什麼好建議？

廖老師建議

妳的害怕遠超過我的想像。妳與先生未曾有足夠了解就結婚（應該也來不及建立深厚感情），很多事都還在磨合中。只知道先生是個對錢很計較的人。

不知道妳有沒有工作？孩子的費用誰付？如果是妳付而減少存款，我猜妳目前可能沒有工作，要不先生給錢很少或根本未給。在這種情況下，妳應該先和先生談家用和孩子的費用，要求先生攤付；而不能由妳自付，存款又不得減少。

我不知妳在怕什麼？竟然還向銀行申請增貸。這做法明擺著妳很害怕丈夫，怕到不惜舉債、拖慘自己。

如果丈夫連家用或孩子費用都給不足，還要拿走太太的所有存款；而妳卻不敢吭聲，反而背著他去舉債，我不相信這樣的婚姻可以走得下去！如果某一天，妳沒錢且負債累累，豈不會被掃地出門？

婚姻的雙方應該都要仁慈相待，尤其在生活費方面更要寬宏。妳會不會是單方面害怕過頭不敢商量？沒有人能靠積蓄或舉債過日子而卻不敢向丈夫要生活費，這樣能持續多久？如果一開始無法得到公平待遇，那就得以「談」來達成，列出生活所需，請有收入的丈夫攤付。至於三十萬，主權在妳，看對方如何相待再決定怎麼處理吧。

幸福小祕訣：

婚姻雙方應該都要仁慈相待，尤其在生活費方面更要寬宏。

丈夫外遇堅持兩邊要

深受打擊的呆呆蛙進退維谷：

呆呆蛙和丈夫是大學同學又是同事，是人人稱羨的恩愛夫妻，她自己也如此認為。直到不久前，發現丈夫有一個她完全不知道的E-mail帳號，用來和他的助理互通有無。本來她只想防患未然，提醒他和助理別踩線；不料誤踏地雷，竟然發現姦情已有半年之久！

事發後，先生雖一再道歉，並保證會繼續守著她，但卻從不承諾要終止婚外情。呆呆蛙說她無法離開這段婚姻，但一直活在不安全感當中。她想問，還要繼續裝聾作啞嗎？

廖老師建議

婚外情被發現後，先生力求重獲妳的信任，可卻從不承諾要離開小三，且表示自己有責任要照顧小三。我想問妳：他還要繼續照顧小三，那不就是元配與小三共有一個男人的局面嗎？他不肯終止婚外情，表示他對小三依然情熱、而且要繼續好下去——因為連元配都被他安撫、答應了，他不享受這齊人之福就太傻了！不是嗎？

我能夠了解妳和丈夫在一起很久，很難離開這段婚姻。只是，這段婚姻再走下去會變成怎樣？即使妳想裝聾作啞，小三願意一直屈就下去嗎？如果她有了小孩、如果先生有一天不愛妳了（或比較喜歡小三），那就不是妳想留就可以留了！

而且，二女一男的局面得持續多久，妳沒譜又沒轍，任人宰割。如果時間拖長、局面翻轉要怎麼辦？

沒有人真的離不開另一個人的，所有的婚姻不是生離就是死別。先訓練自己獨立生活，模擬已經離婚的狀況，拋開丈夫的體溫，和過去一起度過的年月。堅強自立以後，再來看這段婚姻，也許妳會有新的領悟。真正愛妳的人，不會忍心令妳如此長期委曲痛苦的。

幸福小祕訣：沒有人眞的離不開另一個人，堅強自立才能將自己的婚姻看得更清楚。

活在丈夫隨時會外遇的陰影下

不想因一次不忠就放棄丈夫，卻深感痛苦的蔣小姐想問：

二十六歲的蔣小姐，有一個兩歲的孩子。在那之前，她和在國外念書的丈夫分開八個月後在台重聚，沒想到小三找上門談判，告知其夫一整年都和自己同居，二人還曾經計畫生小孩。

談判當天丈夫也來了，他不想離婚，也當場拒絕小三，並對蔣說不會再跟小三聯絡。

之後夫婦二人到了美國，三個多月後，蔣卻發現丈夫和小三依然有聯絡。

丈夫說對小三有感情放不下，蔣小姐本想讓他們自己淡去；因老公待她和孩子不錯，她不想因一次不忠就放棄。

可是，丈夫卻對她說：他以後一樣會外遇，不會因有老婆就停止；但他會一直把蔣與小孩當作最重要的人照顧……蔣小姐告訴丈夫：如果以後他再外遇，她還是想分開。他居然回說：妳自己決定就好，我不會主動離婚。

蔣小姐痛苦而迷惑，不知是否要忍耐下去？

廖老師建議

妳丈夫是標準的痞子，表面多情誰都不想放棄；一次外遇後乾脆預告往後還會外遇，只要天時地利人和，他不會拒絕。簡直無恥至極。

妳太年輕，無法看出這男人的真面目。剛開始妳覺得丈夫只是偶然出軌，不想因一次的不忠而毀了婚姻；但丈夫理直氣壯的表態預告以後很多次的可能外遇，即使是妳想自我調適到「就算他外遇也不當一回事」，還是會發現自己其實很受傷。

我覺得對放縱自己隨便外遇的男人而言，婚姻已無任何約束力量，他只想當個濫情假好男人——不拒絕、不負責、不主動離婚！讓看不透他的女人們走不開，隨意被摧殘。

妳的婚姻很難走下去，走越久、傷越重，最後成為完全沒有尊嚴的女人。什麼叫做對妳好呢？真正對妳好的男人不會一直讓妳流淚。

幸福小祕訣：

眞正對妳好的男人不會一直讓妳流淚。

她的目標是妳的丈夫

已近六十五歲、自謙平凡奶奶的T女士來信：

最近T被一陌生女子X無端挑釁，經T「按址」追查，才知X自稱教職退休、喜歡騎自行車，常到T丈夫打了二十年太極拳的運動場觀看，之後二人開始聊天。也愛騎自行車的T的丈夫，與X互動更密切，二人開始寫部落格，後來轉入mail，X也在部落格裡嗆過T，更已明確表態。

可惜那些mail被T的丈夫及時刪除，T來不及留下證據。兩個女人素不相識，T不知X意欲如何，竟如此傷害她一個老太太，並這樣戲弄她的丈夫！T心中憤憤不平，且不知如何回應？

廖老師建議

我了解妳的心情，但我也希望妳能正視這個事件的真相究竟如何。不錯！X居心明顯，目標就是要搶妳的丈夫，她傷害妳的目的，不是為了要戲弄妳的丈夫，而是要把男人搶到手！

我相信為了暫時安撫妳，也為了繼續保持和X之間的曖昧互動，男人有必要說這樣的謊言：是X主動挑弄或挑情，他只不過虛應時事而已！至於情況會不會失控，我真的也不敢斷言，那必須視X有多大決心和毅力，更必須看妳丈夫的選擇而定。臨老入花叢，情況因人而異。

妳看起來溫和而無助，如果家族中有一言九鼎具影響力的人，或甚至成年子女，可以介入懇勸或了解，也許可以阻止丈夫先是精神戀愛、繼而可能成為婚姻敗壞的外遇事件的大破壞。一個人獨自想找證據、想拉住丈夫、想阻止外來女子介入，也許不太容易。抓姦本來就難，更何況目前也可能還不足以構成這種場面。但被如此折騰，是有必要有人出手阻止一下。

幸福小祕訣：另一半外遇時，若眞不知如何是好，或許可以求助家族中有份量的人物或成年子女。

丈夫用祖產養小三

已經五十三歲的K女士來信：

K女士雖明白愛情不是人生的全部，但對於丈夫戀上色情按摩店女子之事卻無法釋懷：丈夫與五十歲的小三在外租屋同居，每天中午去、晚上八點因小三要上班才回家，一星期在外過夜一至兩天。歡場女子手段高明，宣稱愛人不愛錢，但無業而靠祖產收租度日的丈夫，每個月常為小三花費十幾萬元。

丈夫是獨養子，有暴力傾向，非僅K女士對他束手無策，兩個成年的兒子因自小被他打罵慣了，現在對於父親外遇和養祖父的財產快被父親用光這件事，都不敢置喙。K女士擔心年邁公公的財產被他花光，而親生的兩個兒子得不到。有什麼辦法可以阻止這種狀況？

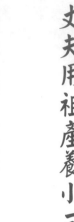

廖老師建議

由妳的來信可知，關於財產問題，除非公公把丈夫從繼承上除名或更動，否則無法改變事實。唯一的辦法是說動公公、述明真相，將丈夫的繼承權更易。看看家中有誰跟公公說得上話，能讓公公接受建議、做些調整，才能避免財產被花光的後果。兩個兒子或許不敢觸怒爸爸，但他們的話，只要合情入理，應該可以說動祖父。

至於感情的事，我認為妳丈夫在家可能為所欲為慣了，現在包養小三之事已成事實，妳好像也默許了，只在計較丈夫「每天中午去、晚上八點因小三要上班才回家；一星期在外過夜一至兩天」；「小三已五十歲，急著上岸；所以除非小三不要，否則到嘴的肉（男人）豈有不吃之理？」

這些不平衡的心理，我能了解。但沒有方法，堅持到底有什麼用？可認真研究如何說動公公；或請教律師，如果離婚，在財產上有何勝算之可能。我認為這才是目前要務。

幸福小祕訣：

找出實際可行方法，才有辦法繼續堅持婚姻。

先生要帶非婚生女兒回來

五十一歲，婚齡二十五年的L女士，婚姻遇到很大挑戰：

L自己有工作，九十五年起，因兩岸未開放換匯，同意先生把薪水就地存在中國不用寄回，但台灣有一份租金年收近四十萬留作家用。

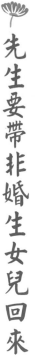

後先生自九十八年失業至今，他雖是碩士，但因聽力障礙，影響工作機會。可他堅持留在中國，會不定期回台，每年都回來過年。他對妻女尚好，只是L自七、八年前就因忙碌常拒絕燕好；近些年他失業又常對妻女發脾氣，十七歲的女兒避他，L嫌他、心中不再有他。去年底無意中發現他在大陸另有家庭，女兒已五歲，小三開按摩店忙，女兒都他在帶。

丈夫認錯願回歸家庭，只是不能丟下孩子，想把那小孩帶回台灣讀書。在L堅持下，先生把兩戶不動產過戶給L。小三只要求每年見女兒一次，沒要錢。但L仍覺很不安。L希望兩年後他陪女兒赴美讀書，但屆時L就必須照顧小三之女，她不知如何面對那小孩和此間親友？而且先生真會與小三了斷嗎？往後小三之女若提爭產之事要如何？而女兒再幾年上大學後獨立，先生是否會選擇回到中國全力照顧「小女兒」？

廖老師建議

妳丈夫愛小孩，對小三也非情淡，會回頭是因十七歲的女兒。妳已年過半百，需要老伴；只是，比較起來，「那邊」卻更需要這個男人。將來又會如何？這問題複雜難解。妳所擔心的事都可能發生。

首先是分產問題，分一半給對方不甘心，但也做不到完全不照顧那小孩。可請專家確實做好保障。至於「人」的問題最難，過去幾年妳都很獨立，就保持這種能耐；但想要老伴，何妨再真誠與先生相處看看。世事難料，未來有許多不確定因素，妳目前又心意難定，只能盡人力再看情況了。

幸福小祕訣：

未來如果未知，至少盡人力再看情況。

向小孩生父索討撫養費

徬徨的V小姐來信：

V小姐於婚姻關係中生下小孩，生父非丈夫，而是當時已婚的同事X君，後X告訴V說他已和太太離婚，只是V無法證實。

不久，X出現另一女友，V與X即不再聯絡。

之後，丈夫發現小孩非他所生，堅決與V離婚。V傷心的離開婚姻，也恨透X，更不願他打擾她和孩子。

事隔十年，V在臉書發現過得快樂有朝氣的X，不僅和那時的女友結婚，而且共同養育四名子女。（X與前妻生的三名子女，加上現任妻在上一次婚姻中所生女兒。）

想到自己單親孤獨，又獨力撫養子女，很想不讓X那麼快樂，要他付一半撫養費！前夫善良，未辦否定親子之訴。V也不想讓小孩知道這些事，該怎麼做才好？

廖老師建議

像妳這樣的情況，一定要先辦前夫否定親子之訴；再辦X的確定親子官司，再告返還之前妳所付出撫養費官司和往後的撫養費等官司，事情有點繁瑣、往復之間可能也會拖長，小孩長大了，難免一定會知道，雖然殘酷，不過小孩總有一天必須面對，說不定自己去尋根。

找個時間和孩子懇談，妳自己的懺悔與痛苦也一併面對吧！雖然是過去很久的事，不過，從背叛善良的丈夫到為一個不想負責的浪子懷孕生子；結果再發現X花心有另外女友，妳好像一直在逃避，沒有辦法正視自己犯下的錯，也因此沒有辦法即刻修正那些結果。眼睜睜失去一個又一個的「幸福」。

如果母子感情不錯，妳就好好給小孩一個說法和做法吧。

幸福小祕訣：正視自己犯下的錯，才能即時修正、把握幸福。

「原諒」為什麼這麼痛？

被先生和其初戀女友的婚外情嚴重傷害的拿鐵來信表示：

拿鐵從念專科開始就很喜歡她的先生，陪他走過戀愛、失戀、喪父，其間她告白了幾次，他的回答始終只是「朋友」。就這樣蹉跎了十二年，在她下決心要離開時，他決定給彼此一個機會，談了一年多戀愛，終於結婚且有了兩個小孩。她以為會永遠這樣幸福下去。

但先生的初戀女友C（已婚）找上門，二人有了婚外情。一年後，拿鐵從丈夫超量的簡訊費，發現了C的「不尋常」。但先生發誓且否認。疑心重重的過了兩年，為時三年的婚外情終於曝光！

先生承認婚外情、懺悔求原諒。因為愛，所以她也只能原諒。只是，她痛恨他們的欺騙、更意識到先生對C感情之深……這一切讓拿鐵好痛苦，每天逼問他，最後總是相擁而泣收場！拿鐵想問，為什麼原諒這樣痛？痛到連活著的勇氣都快消失？

廖老師建議

妳的婚姻得來不易，是那樣的守候和等待才得以擁有。因為歷經困難，讓妳以為丈夫深情與己同堅。未料舊情綿綿，丈夫的高中初戀女友C找上門，背叛從此開始！

妳會這麼痛是因為，原諒是不得已的選擇。會這麼痛，是因為心中沒有辦法原諒！更是因為滿懷不安、不相信事情會就這樣結束！保證不可靠，小三過不好，先生放不下，雙方都有要在一起的積極面，妳的直覺應該相當正確。

但是，繼續像現在這樣折騰先生，早晚會把他逼到小三身邊，那就無法圓滿婚姻了。

請平復情緒和傷痛，該縫補則縫補，盡量重整夫妻關係。另一方面，也要謹慎的觀察丈夫和小三的後續情況，七分信任、三分保留，別把自己全賠進去了。

幸福小祕訣：**會痛是因爲心中無法眞正原諒對方！**

初戀女找人夫續四十年前舊情

婚齡四十年的K女士意外面對丈夫的曖昧：

K女士在丈夫的mail裡發現一向愛家愛妻子兒女的丈夫，不知如何與四十年前舊識，卻無緣圓初戀情的守寡女友聯絡上，二人每天熱情曖昧的通聯，對方甚至說：「在我結婚前兩天，你對我的承諾如今又如何？」還說：「你是我四十年來一直尋覓的人。」等等，搞得K焦慮痛苦，身心都出狀況。

她一再發信問丈夫，後者始終不肯言明。她不想當面問，免得吵架模糊焦點。可丈夫就藉口閃躲不肯回覆。她私下想：丈夫應該是放不下對方，希望K不聞不問讓他們繼續下去。但K無法接受！她的先生已退休，對方則年過六十，雙方經濟上、生理上、家庭上都無後顧之憂，女子需要伴，又渴望圓四十年前初戀緣，不會輕易放手。

K很徬徨：是要暫離，讓丈夫體會妻子的重要性？卻又怕她不在會讓這婚外情燒得更旺？或者乾脆放棄算了？

廖老師建議

四十年來相敬相愛的恩愛夫妻，居然不敵突然冒出來的程咬金。我猜黃昏戀情有點刺激，一時捨不得放棄，所以也不想跟元配攤牌。我覺得好好當面說清楚：堅定表達妳的意見很重要。妳可能做慣識大體的好妻子，到現在都想維護丈夫在大家面前「好丈夫、好爸爸」的形象。只是，丈夫這種「談戀愛」的心情和行為若持續下去，好形象很快就破功；所以這不是妳必須注意的重點。

妳想消失一陣子，好讓一直被妳照顧慣了的丈夫感到不便來突顯妳的重要——我認為這是下下策！舊人的照顧之情，往往敵不了新戀情的熱度！請和先生坐下來面對這個危機，談談妳的感受、問問他的態度，再來決定要怎麼應付吧。

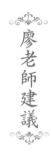

幸福小祕訣：

婚姻遇危機，當面說清楚、堅定表達立場很重要！

外遇兼嫖妓，情緣如何續？

年近五十、婚齡二十年的C小姐苦於先生的嫖妓和外遇而徬徨：

C的先生擁有留美碩士學位，曾任職於知名上市公司，外表斯文，不擅言詞，看起來忠厚老實。結婚前十年未嘗生育，二人世界堪稱美滿。之後兒子出生，關係越來越疏遠；他因工作，去中國的時間越來越多，在性事上從未主動找過她。

十年無性生活，她甘之如飴，直至二〇一〇年六月，她無意中發現他的中國年輕女友；四個月之間，又發現他竟然召妓……她整個人崩潰了，看精神科、吃憂鬱症的藥、找心理諮商……

先生對於她的質問，表現得很痛苦，說是為了紓解工作壓力，不叫外遇，只是逢場作戲；但此後仍繼續召妓，只是更加小心。

二〇一一年七月她提出離婚，先生要求再給他一次機會；二〇一二年一月，先生被裁員，她不忍心讓兒子有個破碎的家。但她很痛苦，無法忘記他對她的傷害，覺得他好髒、她對人的信任整個瓦解……

廖老師建議

召妓是一種特殊的性癖好，而且會有習慣性和持續性，所以指望他洗心革面、從此不做，只怕是空想。依我看，妳只怕是下不了決心離婚，即使真辦手續離了婚，一定也很痛苦，所以要不要離婚這件事，請審慎考慮，不用為了面子硬是離婚，每個人都有自己的弱點和顧忌，不離婚有不離婚的做法。

我只能勸妳：如果要繼續和先生走下去，妳一定得把召妓這件事看淡一點，否則會很痛苦。二人相處也有各種方式，找一個妳可以接受的方法相處吧。沒有把握離婚會更快樂的話，不妨緩一下，給自己一點時間，到時妳也許會知道。

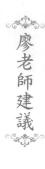

幸福小祕訣：

沒有把握離婚會更快樂的話，不妨緩一下，讓時間告訴自己答案。

不倫戀男冷女熱嘆奈何

已婚的X小姐受困於婚外情，來信問何去何從：

X小姐在去年和老同事Y男（亦已婚）上床發生婚外情，熱絡了一段時間。男方活潑善變不受拘束，X最近感覺出他變化很快、有點膩了！但她卻越來越認真、不可自拔的愛他。

X也曾質問Y怎麼看待她？男方猶豫的回說是好朋友。現在怎麼辦呢？她越陷越深。

廖老師建議

從頭到尾這整件事就只能是場「遊戲」。老實說，即使夫妻間有愛、也沒想到分手，但是日常和尋常的反覆與無聊，有人守得住、有人守不住。有些人會找「正當的娛樂」，像釣魚、打橋牌、喝小酒、唱KTV、跳土風舞、交際舞、方塊舞等等自我娛樂一番。只是，這些一開始看似無害的正常活動，只要因緣巧合也很容易擦槍走火。更何況一開始就是上床玩婚外情這種玩火事件。

外遇這種事，向來就是容易開始很難結束，尤其是一方玩夠或意識到情勢不對、另一方來真的時，都會加速他的撤退。這倒不一定是他們「喜新厭舊」，而是玩咖懂得全身而退。當他們把妳定義為「好朋友」時，其實就是設下界限、保持距離的意思。

他這時踩剎車是最好的時候。不然雙方都有家庭和子女，一場外遇，兩個家庭破碎，會有多少不幸的受害者？想點更慘的情勢：如果是對方不放妳走，甚至有心要脅，那怎麼辦？能享受一場長達一年的外遇無人發現，又能夠安然回到「安穩」的家，何等的託天之庇！回頭吧！一定要強制自己那顆心「回家」，否則定有惡果——趁好就收，就是這個意思。

幸福小祕訣：

一時出軌即使無人發現，也要趁好就收，強制自己的心快回家！

當十幾年小三的悲歌

L女士為姐妹情事焦慮不安：

L的好姐妹當了十幾年小三，完全無法自拔。男友終於在去年與元配離婚，沒想到真正問題才開始。元配離婚後越想越不甘，一直打電話和男人盧，最終也是為了多要點錢。但小三眼看男友與前妻熱線不斷，更非滋味，也不斷抓著男友吵。被兩個女人輪番轟炸的結果，男友發狠痛打小三一頓，目的是要她去告他，盡快死心好了結孽緣。

小三被打，發狂要拉他同歸於盡，不甘心十幾年青春浪費在這個男人身上，要錢沒有要人也沒有，一下子陷入絕境，憂鬱到想自殺。L不知要如何救她？

廖老師建議

小三的確不是報酬率很高的行業，尤其如果遇到元配頑強抵抗，而男人也恩義未斷時，小三的前途其實是堪慮的。妳的姐妹當小三有些本末倒置，看起來好像比元配更愛吃醋、更加鴨霸，連離婚前妻來電要錢都不能容忍，加入逼瘋男人的行列。試想，小三的最高任務不正是營造溫柔鄉留下男人？豈有加入紛爭逼退男人的？這是她太大意的結果。

男人發瘋用毒打想逼離小三，這可是非常手段。被打、被逼離，傷心欲絕是一定的。有傷勢驗傷就能告。問題是她應該放不下，即使男人下毒手打了她一頓，十幾年的投資那會說丟就丟？

等等看吧，是孽緣就不會斷得那麼快。但是，也得冷靜思考一下未來。男人一旦下死手打人，有一就有二。好不容易把元配逼離，對男人的手段應該也得依情勢而改變，想想男人吃那套才留得住？現在他自由了，小三的對手就不再只是元配一人，挑戰更大也更多。擦乾眼淚站起來吧！如果還想要同一個男人，回想一下當初他愛的是什麼，現在不是自憐或自怨自艾的時候。

幸福小祕訣：當小三報酬率不高！

下定決心，擺脫弱勢

有個一歲八個月大孩子的媽媽冰淇淋來信詢問：

去年八月先生與初戀女友的外遇被她發現，他惱羞成怒、口不擇言，說相戀十年並不愛冰淇淋；而且每天都罵兒子：「我討厭你！去找你媽！」還用更多言語和肢體暴力，要讓兒子知道父母並不相愛。

婆婆是心理諮商師，且為某知名婦女組織團體之成員，對於自己兒子外遇，她認為是冰淇淋做了太多讓兒子生氣的事有以致之，如：冰淇淋在美國一年半竟沒學好流利英語、不敢開車、才到美國三個月就懷孕……等；這也是婆婆認為先生外遇的主因。去年冰淇淋提離婚，被婆婆擋下，且要求不准告知娘家，給先生一段時間去處理外遇；冰淇淋完全聽話，不過最後先生外遇不冷更熱，再度被發現和小三的親密照，而且他們還買了戒指。

如今，先生不回頭、冰淇淋也心死了，她想保護孩子和自己的下半輩子，遠離這種高壓的生活。問題是：她是個自己帶小孩的全職媽媽，先生報考機師未果，二人經濟全靠公婆資助，她想問：經濟弱勢者，真的無法保有孩子的撫養權嗎？

廖老師建議

就小孩撫養權這一塊，妳並非完全是弱勢的。首先，妳應該舉證（也就是要蒐證：錄影或錄音、驗傷單等）：先生怒罵小孩的情形和言語，以及先生對小孩和妳家暴的事實（就是要有實際的證據，而非妳個人口述）。根據妳所敘述的狀況，這樁婚姻要好來好去協議離婚說不定會有困難，可能最後必須判決離婚，那麼先生不喜歡孩子、甚或打罵孩子的證據，就具有舉足輕重的份量。

幸福小祕訣：經濟弱勢在離婚時未必爭不到小孩撫養權，請蒐證！

趕盡殺絕，還是留條生路？

不知該如何處理丈夫與小三間關係的Q女士說：

Q女士的先生不久前協議和小三斷交，小三向Q索取其夫在同居期間偷偷買給她住的房子，她認為她在Q夫身上付出這麼多時間及精神，理應有所得；還警告Q說：如果一方不想真正放手，外遇還是會繼續藕斷絲連。

那之後，家裡開始接到許多無聲無碼電話。Q傳簡訊警告她別再騷擾，過一陣子，卻又故態復萌。Q擔心子女安全，丈夫不讓她報警，她也不想讓丈夫與小三有再接觸的機會。她想問該如何是好？

廖老師建議

小三再怎樣總是有過在先，除了真正放感情進去、或交往之初未考慮清楚就一頭栽入者之外，多多少少都有圖謀。但是除非男人真的情盡而決心斷交，否則難免拖拉。

不知那小三在斷交時是否多少有拿到一些分手費？如果那婚外情有好幾年，同居時男人買給她的房子又被妳硬是要回，小三一定非常不甘心。對她來講，會不會認為自己被趕盡殺絕，連條生路也沒留給她？欺人太甚！

妳長期被干擾一定不安，又不想丈夫繼續和小三碰頭（真的沒有嗎？），我覺得事情還是要公開解決較好。不如攤開來和先生討論：報警偵察，查到後拿證據，在警方人員協同下，與小三商議，給點錢讓她不再繼續騷擾，解決這件事。

人家說：逼急了狗也會跳牆。雖然破壞妳的家庭，但小三也有可憫之處，給一點錢讓她別太不甘心；用公權力介入，也讓小三和先生雙方都有警惕，徹底解決這事。當然前提是先和丈夫商量一下。否則如此下去，妳會安心嗎？

幸福小祕訣：

面對不願斷乾淨的小三，可採給分手費及請公權力介入，雙管齊下的做法。

不倫對象或許要收手了

陷在不倫戀中的T小姐來信說：

已婚的T和同樣已婚的男同學，婚後發展出雙不倫戀情。原先說好彼此要好好守護且維繫這份戀情，並保證不會讓對方的身分曝光；誰知對方卻告訴她說：上回他們二人之間的line留言，他沒有刪除，結果被他老婆看到了！T深受打擊，且十分忐忑，不知對方此舉究竟是什麼意思？是要傷害他老婆？還是存心要陷害T呢？

一路走來，剛開始時男方表示未與妻子有親密關係；可是最近的說法卻是：他和老婆發生關係，目的是為了讓老婆安心，免得老婆對T提告。一直傻傻相信他的T，聽到這種說法不禁也懷疑起來：男方這種說法算是愛她嗎？他們是老同學，T一直相信他不會欺騙她；只是，每次想起就覺得好悶、揪心，難受死了！她思緒混亂，不知該怎麼才好？需要人拉她一把。

廖老師建議

妳目前心中的傷心和疑慮，至少讓我在讀信後感到一點安慰：即使愛得很真、相信男方不會欺騙的妳，現在也覺得對方游移不定的言行令人懷疑！不錯！至少這是一件好事。為什麼以前很小心的line對話，這次會「故意」不刪除、讓他太太看到？他不是要讓他老婆傷心，而是準備要以露餡的婚外情來了斷他和妳的不倫戀！把和老婆的親密關係，用來說是讓老婆不會對妳提告的手段，我認為不懂邪惡、還很下流！統而言之，男人玩夠了，不想再玩，又不肯坦白誠實的好好提分手，才想出這種自以為得計的粗糙手法。

是時候該回歸婚姻了！難道妳還肖想和不倫戀人有什麼未來？看清楚他的嘴臉！在還來得及的情況下，回去好好經營自己的婚姻，才是妳現在最該努力的事。

幸福小祕訣：迴避分手，用粗糙手法欺騙妳的男人，不值得愛！

三十年婚姻一團亂

結婚已二十八年的X女士滿腹煩惱，考慮要不要結束她「荒唐」的婚姻：

相親後交往四個月，經父母審核對方人品、學識、工作穩定度等及格後，X即與對方結婚。孩子相繼出生，也有房貸，但她發現丈夫自視甚高，常跳槽，某次無業時付不出房貸，由她向姐姐借貸，至今十年未還清。五年前，他五十三歲，最後一次離職，從此找不到合適工作。又因丈夫養兄要拿錢才肯分產，丈夫要她再向娘家借錢，被她一口拒絕。由此遷怒，怪她信基督不拿香，導致事事不順。

最令她生氣的是，他青梅竹馬的表姐（二人曾相愛，礙於法令無法結婚而各自嫁娶）自美歸來，二人熱線電話外又相約探望、更互換mail，完全無視X的存在。讓X懷疑自己不是他的真愛，想要結束這荒唐的婚姻。

廖老師建議

妳的婚姻問題不算嚴重，主要就是經濟困境。如果先解決繼承的結，應該就可解除房貸與負債的雙重困境。這種事，應請對遺產處理有經驗的專業律師處理，而非任由他人刁難、毫無對策。且應與先生訂下遺產優先償還債務與房貸之約，沒有債務，生活就不會那麼吃力。

至於先生和表姐的舊情，我想真正復燃的機會不大。對方有丈夫、孩子，而妳先生如今也不算意氣風發，雙方情況早就不如過去單純美好。應該只是無聊人生中的插曲罷了！妳犯不著把自己的價值和地位一竿子打翻！

老實說，表姐並不可怕，重要的是如何解決妳和丈夫二人之間長期的緊張。結婚二十八年後，再去追究「他當初娶妳的本意是什麼」？會不會太無聊？放過自己吧！婚姻生活本就不易，誰不會有些這樣那樣的艱苦和委曲？如果雙方都還願意走下去，那就有建設性的改善它吧。至少從妳信中沒看出丈夫有要從婚姻中遁逃的意向。妳呢？

幸福小祕訣：

婚姻生活本就難免有些艱苦或委曲，重要的是釐清自己的想法！

別拿「離婚」議題來折磨自己

三十年婚姻長跑後進退兩難的C女士有些問題：

六十歲的C女士，在整整三十年的婚姻生活中，飽受丈夫各種折磨，除了欠一紙離婚協議書之外，實質情況與離婚無異。也曾想過，長痛不如短痛，把離婚辦一辦算了！可仔細一想，名正言順離婚之後，她確實孑然一身，而丈夫卻從此更肆無忌憚、恣意獨行……想想不甘也不值。只是，眼前有高齡九十四歲的公公，長期上演鄙視、欺凌八十八歲婆婆的戲碼，近日更強勢要逼離後者。C擔心她丈夫有公婆之例可循，往後可還願意守著她這個在他口中是愚蠢女人的老妻？她只能靜待事情發展，一味懲罰自己至今，束手無策。

廖老師建議

很多女人其實都像C女士一樣，困守在毫無品質的婚姻當中，備受各種精神和實質虐待，無力求離，卻也不知何時會被逼離，毫無所歸。

我必須提醒所有在婚姻中備受折騰的女性：其實女性可以有另外的選擇，也許仍然艱辛，但結局卻可以甘美而怡然自得。怎麼說呢？女性的一生，並非每個階段都需要男人，尤其是已走過情慾旺盛期的女性，所謂男伴，都有替代品可選擇，不一定非得遷就惡質男伴而鎖死自己。說到底，為什麼要委曲求全，緊抓住一個對妳不好的男伴？不過就是一種不求甚解的恐懼、不甘心放手的不合時宜，以及害怕孤獨的慣性罷了！現代女性壽命遠比過去，也遠比男性來得長，生命的某一大段時光必須單獨度過，本就是可以預知的事實。婚姻不美滿毋須等待被對方開除再離開，只要心理和財務都準備好，離婚就是給自己一個「新人生」的開始，這是多麼棒的禮物！何必可憐兮兮看對方臉色，緊張又痛苦的等待別人來行刑？「離婚」要勇敢面對，不能拿它當一個長期自我凌虐兼被對方凌遲的議題！

幸福小祕訣：

對不美滿的婚姻而言，「離婚」可能反而帶來全新的人生！

停止攻擊，結局不會更差

已分居四年的陳小姐來信問要不要離婚：

陳小姐結婚十五年，因無法原諒丈夫婚前劈腿，對他始終不信任。近四年，其夫工作不順，怪罪房子不好，本想換房，卻沒多餘的錢，因此先搬到朋友家住，從此夫妻徹底分居。分居後丈夫如脫韁野馬，也不告訴她住在何處，二人爭吵不斷。

後來她自行買屋，只有她和孩子搬去，丈夫以房子座向不合而不住，至此夫妻無法挽回。爭吵中提到離婚，但他一直不辦手續。不久前，娘家姐妹知道這件事，都站在陳小姐這邊。公婆緩頰說丈夫無意離婚，可是他打電話回家，跟子女講完即掛斷，讓本來還抱著希望的陳小姐完全絕望。爾後雖有離婚共識，但卻一直拖著。是否該快刀斬亂麻？

廖老師建議

婚姻維持不易，要破裂卻非常簡單。如果妳對丈夫婚前劈腿無法原諒且不信任，為什麼要和他結婚在前卻又懷疑在後？這「不信任」威力強大，足以衍生出多少傷害對方又摧毀婚姻的言行?!大錯早已鑄成，丈夫搬出去不肯回來，徹底劃清界限，其實已充分表明他離開的決心。

妳說娘家姐妹知道這件事，都「站在我這邊」，讓離婚之舉迫切起來。但婚姻是兩個人的事，又不是糾眾打架，誰站在那邊，無關勝負，最重要的是當事者的態度和心意。

明明還在乎丈夫、希望團圓，但做出來的事卻都在把他往外推；好強不示弱、所有行動都在賭氣和挑戰，又如何挽回？

拖延不辦手續的丈夫，也許還在觀望猶豫，可能是為了小孩或其他原因。妳明明不想離婚，就別再主動攻擊。名存實亡的婚姻已持續那麼久，何必急在一時？現在對妳最好的是沉默並過好自己的日子。時間會給妳答案，不管是什麼，都不會壞過現在的情況。

幸福小祕訣：

不想離婚就別賭氣和挑戰，那只會讓事情更不可挽回！

不放棄權益就得堅忍熬過

五十歲的M女士來信：

M女士從事旅遊業，自認工作認真；在婚姻的角色裡，她更自信沒有一百分，至少也有八十分以上；在孩子身上的付出與照顧，她也給自己打了八十分。M的先生任銀行職員，二十年婚姻中，她長期飽受丈夫極盡羞辱的語言暴力，不知為何，先生老出惡言，以「討客兄」、「賺吃查某」（外遇有小王、妓女之意）侍候她。被如此辱罵，她當然不想忍受，只是為了唯一的孩子，不想他變單親、不忍他獨自在家沒人陪，捨不得無人煮熱騰騰的飯菜給他吃，無法讓他下課孤伶伶在家……總而言之，就是放不下孩子而始終沒有離婚。如今孩子終於成年，她決心離婚，只是不甘兩袖清風走人。以丈夫的個性，絕對不會給她分文；如果爭取到底，又怕曠日費時，讓她拿不定主意。

廖老師建議

按照妳信中所述狀況，一家三口，理應生活單純，和樂平順。不知何故，遭妳先生如此辱罵？可妳也無法處理先生的吼罵，只能一味閃避，忍辱偷生；閃不過去就照他的方法罵回去！

如今孩子滿十八，妳決定離婚。好不容易可以兩袖清風、瀟灑獨行。但妳又不甘心！妳忠實的盡了二十年責任，想要贍養費，但可想而知先生不會給，如果打起官司，又不知要拖到何年何月？還是索性放棄算了？

年過五十才離婚，有點錢才有保障。但法律講究的是證據和法條，被罵或精神虐待要有證據，比口說無憑更好。收入多的人該給贍養費，要防他脫產不給，我還是建議先找律師諮詢，費用不多，但勝算較大。

至於漫長的打官司時間和折磨，我的建議只有四字：堅強撐過！畢竟這是離婚的必要之苦。

幸福小祕訣：

想離婚又怕打官司曠日費時？堅強撐過才有保障！

離婚，意思就是棄權

離婚十幾年、但一直和前夫保持來往的單親媽媽W女士來信敘述煩惱：

W女士離婚後雖和前夫分居，但他固定每個星期會「回來」一次，從兩個孩子還小、到現在分別就業和出國念書，這模式一直沒變，W也一直持有他住處的鑰匙。

但最近他有了別的女人，W氣憤又不甘心，常去他住處堵人、要溝通，顯然這踩到前夫的底線，他要回他住處的鑰匙，且撂下若要他回家就別吵的狠話。W憂鬱且傷心，畢竟她跟了他三十年，一個女人有多少個三十年呢？

廖老師建議

雖然不知道你們夫妻為何離婚，又為何在離婚後保持這樣的關係。但我還是要說：

有很多女人常常率性離婚，離婚後卻又和前夫維持一種無異正常夫妻的關係，而且以為既然也還做愛、前夫也給生活費、在某種程度上也算照顧家庭，因此心態上就有些錯覺，以為這種狀況是常態，甚至忘記離婚時除了離婚條件之外，其實自己已經在那一場結束二人婚姻關係的拆夥行動中，放棄了配偶應有的權利——也就是已經沒有可以干涉對方另外交友或擇偶的權利了。

妳目前的情況就是如此：妳要追情分，前夫卻在彰顯他法律上的權利，妳已沒有去堵人或找「第三者」理論或談判的權利。在這場賽局中，妳早已棄權。

或許為了經濟或寂寞，妳必須被迫接受他的條件：不堵人、不爭執、不去想要解決這件事。但我仍要提醒妳：如果前夫再婚，妳就變成第三者了！請多想想這個可能，在情感和經濟上，先想出一個自保的方法，才是上策。現在不是自憐的時候。

幸福小祕訣：**請認清：離婚就是放棄配偶應有的權利了！**

先倨後恭太煎熬

結婚二十多年的H女士來信說：

婚姻的前半段爭吵不斷，每次都要先生賠罪讓步才能解H的怒氣，她跋扈了好多年。直到去年生了場大病，讓先生有機會說出心裡話：他是C肝帶原者，長期忍受太太的壞脾氣，擔心如果自己病倒，老婆不會如他般細心照顧自己，所以希望爭取她首肯放手，讓他找個相知相惜的伴侶。她的戶頭有他一半的財產；他也保證一樣會照顧她到老。

H想事實上應該沒有這個所謂「相知相惜的伴侶」，所以一時心軟默許了他。誰知他最近竟告訴她已找到這個人……原來是自營工廠的得力助手：離婚的外籍新娘，面貌姣好、身材豐滿嬌小。她還愛他、離不開他；她能放手、而他也能信守承諾一輩子照顧她嗎？

廖老師建議

我首先要說的是，如果真的離婚，前妻絕對沒有權利要求，更無法保證前夫會信守承諾、永遠像過去那樣照顧妳。即使他有心信守承諾，屆時他的合法元配會准許嗎？這種事用半邊腦就可以想清楚。

我猜想近水樓台，他早就屬意那位外籍新娘了吧——雖然結論也不能完全怪他，但我懷疑他早有圖謀，只是藉機會告知妳、希望和平分手。也算是有良心的了。

現在問題全在妳的決定，我不會貿然向妳保證離婚後妳仍可享有被照顧的權利（既然離婚就別為難他了！）；但以妳的個性，真的可以放手嗎？如不放手，你們的感情回得來嗎？都已有個勁敵在眼前了。

要不要離婚、能不能離婚全在你們二人身上。雖然出爾反爾不太好；但勸沒有決心離婚的人硬離也難。你們沒有孩子嗎？難道不該問問孩子的意見？

幸福小祕訣：

一定要認清，離婚後前妻就無法要求或要前夫保證些什麼了！

別被爛婚姻挾持了！

備受煎熬的徐小姐來信說：

與先生交往十年、結婚十年，男方以各種名目要徐小姐支應各種需求：買車、買房……，借他錢投資變壁紙，他叫她要大器；騙她投資二十萬到中國做生意，又說負債得還人家錢……去年初他出差中國，有了外遇；三個月後，在她質問下，他承認且提出離婚，還付諸行動要朋友與小三假結婚，讓小三來台灣。

這之後，他事事怪罪徐小姐，比以前更變本加厲的向她需索金錢，還罵她變態、不幫老公！一面稱讚小三好，說小三明知他有太太、小孩，沒錢，還願意跟他……

最氣人的是，他以「要把女兒帶走報復妳」作為恐嚇，也經常對五歲女兒吼叫，叫她「走開」，女兒很受傷，但依然愛爸爸。

徐小姐明白，他今天會如此猖狂，都是她二十年來對他有求必應養成的！現在她醒了，但家人要她忍，忍到他和小三受不了！

可是，真正忍受煎熬的卻是她和女兒……要忍到那一天呢？

廖老師建議

按妳來信所言，二人在一起的二十年，種種供應，雖然傻，有時卻讓人無法苛責。因為那背後如果不是因為愛，最起碼也是因要努力維持這種以愛為名、實則卻是一方在利用另一方的脆弱關係。有很多男人常以這種名為愛的爛關係勒索女性的金錢付出。

如今妳說妳醒了，我認為只是金錢付出這一方面。為什麼不想想，這婚姻再走下去會變成如何？外遇曝光，男人沒歉意還要求離婚；如果他確知在妳這裡再也榨不出錢，也就是妳再也沒有利用價值時，他對妳還會手軟嗎？

繼續等下去，小三和他一定會受不了。只是受不了的後續不一定是放棄，相反的很可能會是反撲。那時妳有什麼武器可自保？離婚對妳而言，還有什麼可損失嗎？至少可免除女兒再受傷害，那是比什麼都重要的。不是嗎？

幸福小祕訣：

看清楚，是愛？還是以愛爲名，一方利用另一方的脆弱關係？

無性又「不信」的婚姻

W女士來信說：

W女士四十七歲、丈夫五十三歲，二人都在盛年，卻自七年前便無性生活。她不好主動，他則自動從性生活解職。直到最近有些過意不去，會對她說：「我這東東只剩尿尿的功能。」這種欲蓋彌彰的言語，益發惹惱她！

從前他就曾外遇不忠過，現在則跟一位共事女子（亦自有家庭）外遇好幾年，那女子W也見過，明知和她丈夫有鬼，只欠抓姦在床，卻不知要怎麼辦，只覺得好痛苦。

廖老師建議

婚姻的最大痛苦，莫過於還綁在一起，卻有名無實，甚至還得眼睜睜看著另一半與人偷情，不怕妳知，只不希望醜聞揭開、彼此兵戎相見。

二人已沒性，更無法信任，背叛者可能因小三無意篡位或妻子在家仍有功能、或子女等其他原因，亦未動念離婚。而受害配偶雖不想離婚，但在無性、無信、似乎也無愛的空殼婚姻中，往往不知如何堅持下去。

我的意見很簡單：先釐清自己要不要離婚？有本事離婚嗎？（包括經濟、獨立性、堅強度、未來有無規劃等）要清楚明確、不會追悔。決定離婚後再考慮抓姦、贍養費、監護權等要項。

如果不想離婚，也無力改變婚姻狀況（現在男子越來越痞，都是看家的和外頭的，兩者都要），那就改變自己，把自己從頭到腳、從內到外全部打點明亮愉悅，找些喜歡的活動充實人生，一旦有自信，世界就會不一樣，屆時也許想離婚的是妳呢。

幸福小祕訣：

處理另一半外遇問題時，可先想清楚：自己要不要離婚？有本事離婚嗎？

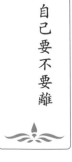

把喝酒、出去當權力的先生

S女士的先生愛去「花店」喝酒，她快撐不下去了：

年近五十的S，與先生結婚二十年，有二子女。S月入只有兩萬一，除非丈夫給贍養費及小孩教育費，否則很難生活。先生一直以來就愛喝酒，除了幾次失控外，不會發酒瘋；平常也會拖地、煮飯、接送小孩。

但最近喝酒情況有點失控，一個月會出去十五天，而且愛去有「妹」坐檯的店，夫妻已吵過多次，他總推說廠商邀約無法拒絕，更說喝酒是他的興趣、出去是他的自由；但也自清：又沒交女朋友，去酒店純喝酒沒怎樣。

但S就是無法相信他，他一出去她就胡思亂想，滿腦子都是被背叛的畫面，無法入睡。她想離婚又怕後悔，要不要——離婚？

廖老師建議

妳丈夫可能真的是受廠商邀約，否則一個月去十五次，上班族的薪水是否支應得了？但是，應酬這種事沒有規定必須常去的道理，廠商一定是發現妳丈夫熱愛此道而投其所好罷了。

有粉味的地方常去，淪陷的機率很大。吵過那麼多次，男人連「喝酒是興趣、出去是自由」的狠話都撂出，看來妳是沒什麼辦法了。妳的經濟狀況加上妳很在乎先生，以目前心境難談離婚。

離婚是要準備的，心理和經濟，無一不需千錘百鍊。妳應先模擬離婚，逐步訓練獨立生活或單親生活；重要的還必須計算離婚後的經濟力與生活費用。也許不致走到真正離婚的地步，但獨立堅強後，目前昏暗無明的日子，或許會有重見光明的契機——別一直被丈夫出去喝酒的事情困住，找點突圍脫困的生活方式吧。

幸福小祕訣：

離婚也是需要準備的，可逐步訓練自己獨立生活。

管不住，放他走?!

惶恐煩亂的楊女士，來信充滿憂心：

四十九歲的楊女士的先生在二〇〇九年有外遇，是他這幾年來唯一承認的一次，對象是酒店小姐。二人爭吵之餘，先生也說他很愛她，要她再給他一次機會。這幾年來，先生一個月出去吃飯喝酒多次，會有一至二次整夜不歸，到次日一早才回。他堅持是和朋友喝酒，睡在朋友家。二人吵過很多次都無解。

孩子去年上大學，去年底楊女士也開始工作，一方面要適應新工作，晚上九點半才回到家，工作壓力大，因自己年紀大好不容易才找到這工作，捨不得放棄；丈夫也說要支持她，卻變本加厲每週出去兩次。想離婚，又沒把握一個人生活，如何是好？

廖老師建議

妳很有自知之明，離婚畢竟只是個念頭而已。夫妻為同一件事吵那麼久，卻絲毫沒有作用，表示先生對妳是陽奉陰違，不想徹底扯破臉，但也不肯改變喝酒的行為。至於後來會演變成如何？必須妳自己觀察和判斷。

但目前狀況對妳未來真想做什麼（譬如離婚）或不做什麼（維持婚姻），都是好契機的開始。四十九歲再獲工作機會，多棒！妳可藉工作訓練自己獨立的能力，把重心從先生、孩子轉移到自己身上，擴大生活圈、轉換心情、交往朋友，不再抑鬱或困在小圈子裡。屆時，妳將會發現：不管面對的是什麼狀況，妳的談判能力都變強了！

幸福小祕訣： 擴大生活圈、轉換心情、交往朋友，可以增強自己面對任何情況的談判能力！

挺住離婚官司的折騰

正在打離婚官司，備受對方恐嚇，身心都被折磨的J女士泣訴：

結婚十年的丈夫，十年之間換了十個工作和幾個女人。他不但家暴，且是個說謊像喝白開水一樣的斯文流氓。

J為了小孩，也為了穩定家計，八年不敢換工作，薪水足夠養家。本來就這樣忍下去了，但對方卻把腦筋動到她頭上，以投資之名強要檢視她的個人所有財產、逼她拿錢出來！

以對方素行，可預見投資定付諸流水，那小孩誰養？

打起離婚官司，訴訟半年、協調、開庭兩次，兩個小孩在他身邊已被洗腦，法官規定J兩週可探視一次，但每次都被對方以各種藉口拒絕，小孩也不敢反抗。J受暴、身心受創的證據確鑿，卻只能堅忍自強。親友勸她放棄孩子監護權，因對方恐嚇要殺到她娘家去。

官司停停走走好折磨，而且到終點後對方的恐嚇若成真，那將如何？

廖老師建議

很多婦女離婚時，生怕孩子不在自己身邊而吃苦被虐待，所以不管能力如何（指經濟能力和有無支援網），一味爭取小孩的撫養權。可這種執著，往往被對方利用作為離婚的討價還價、攻防與勒索手段。雖然妳忌憚對方揚言為害妳及家人的要脅，但這並非不可防範，也不應軟弱屈服。

官司膠著，對方以孩子當武器極盡拖延為難之能事，他不是愛孩子，而是不想遂妳所願。

如果妳不爭在此時，小孩的重量，不是那種工作不定者輕易能負擔得起。相信有一天，不會太久，當對方擔不起了，自動放棄，那才是天理昭彰之日。如果妳贏了官司，請申請保護令，蒐證找方法對付對方，別被打倒。

無論如何，都請堅強。

幸福小祕訣：**面對恐嚇爲難，可蒐證找方法對付對方，別被打倒！**

跟男友的初戀女友分享他

C小姐的煩惱是這樣的：

C與男友交往八年，最近才得知他和初戀女友重逢且舊情復燃瞞了她兩年。偷吃的他反怪C工作太忙冷落他，他才會淪陷。

經過一番坦誠溝通，男友表示還愛她，不想分開，二人同意繼續走下去。但男友也不肯放棄現在成為小三的初戀女友，求C再給他一點時間。

之後，兩個女生像在比賽一般競相對他付出，C因為害怕被小三乘隙而入，付出全部時間與男友綁在一起，但這樣實在太累太無尊嚴也太沒有保障，所以不久前再向男友提分手卻又被挽留，她又心軟了！但她也意識到自己是否只是在粉飾太平？男友享受兩女，根本不想和前女友分手，不是嗎？

廖老師建議

正如妳所洞見，男友以賴皮造成兩個女人爭奪他一個男人，而為了脫穎而出，成為最後的勝利者，妳們不惜放下自尊、卯盡全力巴結他！妳們難道沒有看出：男人只想繼續遊走在妳們之間，享齊人之福，除非他玩膩了才會有人離開，否則三人行還會繼續。八年感情變淡，自己偷吃卻怪罪別人；問題是犯錯的人際遇反而更好，這都是妳們兩個造成的！

女人一旦不追究男人的劈腿，並允許他繼續如此行徑，而讓女人們為爭取他的臨幸而拼命，這種福利，那會有男人傻得自動放棄？

在愛情上這樣被吃定的女人越來越多，一開始竟相信無品且無信男子的承諾，只有讓自己越陷越深！凡是不肯即刻與小三分手的男子，基本上從來就不想分手！能騙多久就騙多久，女人相信他而痴等下去，只是無止盡延長自己的極痛刑期而已，很難有美好的結局。

幸福小祕訣：

凡是不肯即刻與小三分手的男子，基本上從來就不想分手！

為什麼男友家人支持他劈腿？

新竹迷惘的R小姐來信問：

今年三十八歲的R，跟一個小八歲的男子交往三個月後，意外發現自己莫名其妙成為小三；除了他有個交往四年的女友之外，這四年中他還劈腿不斷（R就是眾多劈腿對象之一）。看到真相的R決定放手，卻不明白他女友的做法。她給R的說法是：她只想報復，把男子的錢花光，再去跟別的男人結婚！而R更不敢相信的是，他家人竟支持他劈腿！這世界還有倫理道德嗎？

廖老師建議

無端成為小三，卻有智慧和勇氣立斬情絲，妳展現也示範了現代女性的智仁勇。老實說，就是有太多人不忠誠，也有更多人認為愛情戰場裡無論先來後到都必須贏，才會有這樣混亂的兩性世界。也因為只看到擋住自己快樂的路障，卻永遠看不到自己揮刀之處無完卵的慘痛，才會有追殺到底不手軟的殘忍！情昏男女，只知進場不知退場，從來退場就最不容易！這也是妳前男友的正牌女友忍受他的不斷劈腿、仍要死守下去的原因——誰相信她的那種謊言？這只是離不開劈腿男友的藉口罷了！不等她花光他的錢，那男子會更早一步把她拋棄！愛情並不是死守到底就一定得勝，切記！切記！

至於男子家人為什麼包庇他的劈腿？很簡單，男子劈腿不斷，來鬧的、來哭的、來吵的，他們都見識過了！既然那麼多女孩都可以接受，他們幹嘛強出頭多管閒事？男歡女愛嘛，自己的子弟，女人緣好，但還定不下心來，反正女人來來去去，願者留、怨者去；甘者受、損者抗……總有一天，他會安定下來，那就是緣分。都是成年人了，受騙者要自己發現自己承擔——那些勸誡之言，很早很早之前，父母肯定是說過的……馬耳東風，說又何益？

幸福小祕訣：愛情並不是死守到底就一定得勝，該退場時有勇氣立斬情絲，才是現代智仁勇兼備新女性！

呆戀一隻遠飛的鳥

G小姐因為自己一頭熱、執迷不悟，目前陷入人生最大困難之中：

G從小失去父親，她自認就是因為如此，長大以後才會對男性角色定義不清；兩年多前她在網路上認識一位瑞典男子，第一次見面，就在沒有任何保護措施下發生性關係，而且真的懷孕了。她直到找不到男人之後，才發現已懷孕三個多月！

男人缺錢，她義氣相挺向銀行借錢給他。男人拿了錢又和她發生第二次性關係，之後便消失不見。她每天寫一封信給他，持續兩年毫無中斷；直到最近，她才發現對方連手機都換了，杳無蹤影。

現在除了這事，還有更嚴重的：G的孩子罹患克魯松氏症，兩歲還發不出成音，下個月要開腦（得開兩次刀）。可以說是禍不單行。

廖老師建議

有些女子對異國男性沒有免疫力，並非後者全都薄倖不負責，而是來到異地，激情過後，他們會有更多考量；尤其如果發生的事情太大條，他們要閃比較容易。所以，女孩要保護自己有三大守則：做愛時一定要有保護措施，保自己不會懷孕、不會感染性病，也不會懷下將來沒有父親的孩子。其次，小金額（幾千元）就算了，但對方借錢金額太高，應該拒絕；特別是要妳作保或代借（以妳名義）絕對拒絕，即使不是騙局，勢必也會變成妳自己的債務。

這些守則對妳而言全部都來不及，我猜對方一開始就打算行騙，他不打算負責，或早已結婚都有可能。妳趕快振作起來，向相關當位請求援助（低收入戶醫療補助等），先堅強起來才有希望。

幸福小祕訣：**女孩們請謹記文中自保三大守則！**

束手無策一再被男人破壞人生

T小姐的來信真令人替她扼腕：

強暴T的男子將不雅照傳佈給很多人，這事件讓她在居住地待不下去；又有某一在台北當政務官的已婚男人一直慫恿她上台北，表示她不適任他提供的工作也沒關係，「不做同事就做夫妻」，弄得她心猿意馬。T一直以為自己快當電台女主持人了，但卻因和那位政務官的緋聞而被冠上行為不檢之名，想望的工作始終無法如願。若不去台北就無業，只能在家啃老。她不知要怎麼辦才好？

廖老師建議

不知妳是年幼無知還是涉世未深，怎會被強暴又遭惡意散發不雅照卻束手無策？這種等級的犯罪，有關單位有足夠能力可以循線破案。不管是否強暴或和誘，不經同意，惡意散發不雅照本身就有罪責。妳應勇敢偕同父母聘請律師控告該名男子，最少可以遏止這種惡行、不讓自己和家人繼續受害。

至於台北某政務官要給妳的工作，我認為那是騙妳北上當他一時的情婦陷阱而已。他已婚不可能娶妳，那有辦法跟妳做夫妻？只是幹些夫妻可以做的上床之事而已——就是要妳給他睡的意思。而且這種事並非出於愛意，純粹就是玩弄。只要他玩膩、或他老婆發現，或妳妨礙他的地位、權力與家庭，妳馬上就會被剷除。美夢不可能做太久，到時一定會很慘。

妳的性格太天真，很容易上當，幾乎沒足夠的判斷力，不適合那些需要複雜人際關係的工作。還是留在家鄉做些作業員之類的工作，不要再沉迷於什麼電台或已婚者的陷阱中了！單純的工作、單純的生活，不要再被壞男人破壞妳的人生才是最重要的事！

幸福小祕訣：

判斷力不足，就讓生活盡量單純，減少遇到壞男人的機會！

找人容易、收心困難

二女同遇騙財騙色又叛逃的男子：

小婷在九十六年年底開始，與職業軍人蔡姓男子交往，這段期間，他的車貸與房租都由小婷負擔。九十九年三月，蔡姓男子背著小婷另交往一女，該女懷孕，蔡男堅不承認孩子是他的，哭跪要女友拿掉小孩，保證娶她並永不傷害她。

最後孩子拿掉了！他也拿走女子的三十萬元，用自己名字買股票後搞失蹤，迅速搬家換電話號碼（蔡男已先於一〇〇年三月以中士階退伍），留下錯愕而茫然的兩個女人。

小婷想問的是：要怎麼找出騙財騙色的蔡男，以「撫平她們受傷的心靈」？

廖老師建議

要「撫平妳們受傷的心靈」，不是靠蔡男，而得靠自己！趕快忘記他，努力走出這段受騙的陰影，就是最好的方法。但我認為妳們兩位受騙女性志不在此，事實上妳們想找到蔡男討一個金錢和感情上的公道——想質問他：「我對你這麼好，你怎麼可以這樣對我？」妳們還渴望他會在感情上繼續吧？如果感情能繼續，或許妳們可以放過金錢上的欺騙，當作這段感情的代價。

事實卻是：蔡姓男子對妳們二位，從頭到尾就是一個「騙」字，感情是手段，目的是金錢，他捲走妳們目前所能支付的最大限額，拍拍屁股走人；即使把他追回，最多只有道歉，應該要不回「感情」了，如果反被奚落兩句，豈不更嘔？很多女性常被這一型「旨在騙財，卻以騙色下手」，裝可憐的男子所乘，很難討回公道，還不如自立自強，另找好男人較為實際。

真要找他要錢，可以報警立案，用法律途徑討公道，可能曠日費時；用徵信社找人，找到人後，還是得報警。到頭一句話：愛情不是用錢買的，交往時假借各種名目要妳的錢，非奸即詐，給不給錢，這段情終究會完蛋，千萬別破財又失身才好。

幸福小祕訣：

愛情不是用錢買的，交往時假借各種名目要妳的錢，非奸即詐！

短命婚姻，問「為什麼」何益？

短暫結婚又馬上離婚的C小姐想問：

C三十五歲時經由相親認識同齡男性，交往不到一年就結婚。訂婚前就發現男方很小器，連二十五元飲料費都不付。婚後與未婚小叔同住於尚有貸款的男方住屋。聘金三十二萬，C全用在買傢俱、家電上，男方婚後卻說：聘金應存在戶頭，而傢俱家電是女方附的嫁妝。

義大利蜜月講好男方付錢，但他遲不付款，C還兌兩萬五千新台幣逛街購物（男方只想拍照），下飛機時男方就提離婚。

此後爭吵頻仍。C每月付三人的伙食、日常用品；男方付水電瓦斯、房貸。男方情緒不穩，常常不說話；一開口就罵人，全是小事，還曾半夜叫她起來罵。

夫妻吵架，C三次回娘家，她回娘家告狀，父親就會打電話來罵女婿。第二次，公婆叫先生把門鎖換過，不讓媳婦想來就來、想走就走。第三次換內鎖……最後鬧到離婚，男方找律師。

男方要求她還聘金，不然所有傢俱全留下，否則報警。她將訂婚金飾全還男方，男方卻拒還一只萬餘元的婚戒，堅稱沒有這東西……在戶政事務所辦手續，男方居然對他媽說：「我解脫了！」

這短命婚姻讓C元氣大傷、尊嚴全無。到底她做錯什麼，竟遭到男方一家如此對待？怎能不嘔？

廖老師建議

二人認識不清、價值觀相差太遠；加上雙方家長摻和進來，導致婚姻提前破滅。

如今，婚都離了，對方很高與他解脫了！妳還苦苦在找什麼答案？不就是男無情無義、女無緣無分嗎？一樁婚姻光兩個人就搞不定，何況連家長長久以來都加入？我只能說：男方錯估妳的財力和馴服度；而妳自頭至尾就沒搞懂男方的心思。這樣一拍兩散多乾脆！感情不深、未生子女，從頭再來，有點經驗，找個對的人，不是最好的？往前看吧！

幸福小祕訣：二人若眞不合適，感情未深，一拍兩散未必不是好事。

可能成為阻力的婆婆

yp小姐來信提到難以破冰的婆媳關係：

yp的婆婆似乎有躁鬱症，全家人都很怕她；婆婆長期對yp都有不合情理的行為，譬如批評yp送她的禮物、質疑yp娘家人種種事情；甚至在yp的朋友來訪時，宣稱家中財物失竊……婆媳關係已經十分緊張。大約兩年前，婆婆因細故大罵yp，yp本來就積怨難消，一氣之下衝出家門，至今一年都不願與婆婆相見。婆婆對yp的態度似乎也是如此。

婆婆姿態很高，yp也不想低頭。yp想問的是這僵局該如何解開？

廖老師建議

本以為妳對於互不相容的婆媳關係並不以為意，所以才會任由僵局持續一年而不處理；看來情況並非如此，妳對這件事應該還是有著相當程度的不安或壓力吧，否則怎會詢問如何打破僵局？

老實說，衝動造成的局面，越快出手挽救越容易，一旦時間拉長，便會覺得尷尬；而且不管誰對誰錯，都應該由晚輩先釋出善意、先有和解行動才合情理。我想，即使親人都怕婆婆，也不表示他們就贊成妳和婆婆鬧僵的行為。

尤其是妳的先生。他怎麼看待這件事呢？即使婆婆在大部分場合下都不會幫妳的忙，但相反的，在某些關鍵場合，她卻可能一言九鼎，成為壓垮妳的最後一根稻草。和解應該趁早，展現誠意和柔軟身段！

幸福小祕訣：**一時衝動造成的局面，越快出手挽救越容易。**

被「先夫」捅了好幾刀

結婚二十年的林女士來信：

林女士的丈夫剛因車禍逝世，兩個孩子都未成年；本以為婆家與小叔會幫忙辦喪事，但都被惡言拒絕，小叔甚至公然在大家面前拒絕相助其兄後事，孤女寡婦，心寒悲痛；喪後到婆家回禮、探視公婆，始知丈夫生前常在婆家親戚前說她壞話，抱怨妻女，讓婆家對她母女積怨加深、築起高牆；有些事固然是婆家故意扭曲，但像不久前換新車，丈夫居然誣指是她吵著要買，讓不滿她未生兒子的公婆更加仇視她，至有今日。婚後就和丈夫相約：夫妻吵架絕不回婆家、娘家告狀，她一直信守諾言，回娘家都說先生好話。

如今夫死婆家也斷路，林女士在短時間內同時被迫失去對丈夫的懷念和婆家的支持，被最信任的先夫出賣，她徹底崩潰，自己忠誠奉獻的家也完全失去意義，不知怎麼活下去？如何原諒先夫？

廖老師建議

二十年來妳全心全力持家，對丈夫滿懷感激，誰知一夕破功，被丈夫詆毀如此！人說冤有頭債有主，只要人在，總可以催討；最怕欠債者已死就沒轍！夾雜情感尤其如是。妳是有冤屈，婚姻一場，丈夫雖嘴碎愛在婆家人面前抱怨，但他確也努力工作在養家。不看僧面看佛面，不念這點念另一點，人生啊，那虧欠妳的人都走了，還怨他氣他，傷身傷心，只會提早讓自己人生解體。來日方長，找另外的目標快樂活下去吧。

幸福小祕訣：

有恩有怨，就把眼光放在恩情上吧！

喪偶熟女的情慾關卡

五十二歲、喪偶三年的Lijane陷入情慾與理性的嚴重煎熬中：

Lijane遇到一位四十七歲，結婚三年的已婚男性，剛開始二人只是像好朋友般聊聊天，談話內容包括他的工作，以及他的老婆；她也會把自己的事拿出來講，彼此只是普通的閒話家常，沒有「深入的了解對方」。

如此半年，最近一個月他開始抱她親她，說他老婆茹素，已兩年不讓他碰、不讓他抱了！說他已很久沒這樣抱抱了！

Lijane很喜歡讓他抱和親。但他不只想抱想親，還要更進一步。

她想乾脆淪陷別多想，偏偏沒那麼淡定；單純做炮友，她也自承做不到。整天想他，又忙著拉回自己，都快瘋了！

廖老師建議

男人想外遇，理由很多。這個壯年男子，如果是初婚，算是晚婚；婚齡三年，太太吃素兩年。意思是只有結婚的第一年，雙方有正常夫妻關係而已；其後太太便我行我素不讓他碰。我不是說吃齋念佛不好（為了救地球，很多人身體力行吃素，那是一種大愛），但一個有偶者既要長期吃素、不想和伴侶有肉體接觸，在道義上就應該人性的先與伴侶取得共識，共同協調出一個合情合理合教合法的婚姻模式，要怎樣都好，就是別只顧著成全自己委曲對方，要對方「守貞」。

這位男士早對妳抱著非分之想，不管他的婚姻是否如他所說。而妳也太寂寞了，應該在身心兩方都強烈的呼應著他。

這是自然而合情的表現。只是沾惹已婚男性對妳很麻煩，對方沒有離婚，婚姻狀況可能是謊言，屆時被抓姦會很難看。單純做炮友，妳也自承做不到。

所以，別再沉醉在他的挑逗下了！有戀愛的感覺是因妳孤寂太久，繼續留連定會淪陷。長久之計是透過正當的方式找個沒婚姻的男人；而熟女的情慾問題，可找醫院相關部門協談。

幸福小祕訣：

有時有戀愛的感覺不是因爲遇到眞愛，是因自己太寂寞！

給面對
已經長大的孩子
或不知如何和家人
相處的妳

下輯

不滿意兒子的女友

對兒子的女友既不滿意又不放心的S來信：

S與先生分居二十多年，有如假性單親媽媽，與一子一女同住，生活單純而封閉。女兒體弱多病且患有憂鬱症，無法工作；S雖有公職退休俸和租金收入，但須養老和照顧女兒。兒子研究所畢業，是宅男，沒什麼社交歷練；七個多月前與關係企業六十九年次女生交往，約會頻繁，目前已深陷情網。此女自小父母離異，與母同住；父好賭，與早婚已有一子讀高中的哥哥同住，哥哥據說因車禍腦部重傷所以不能工作，需要照顧，定期服藥至今。

兒子對女友言聽計從，女友卻對S不怎麼在意，第一次受邀至男方家，就因母親另有喜宴而取消，反邀S子共同赴宴與母親相見。其後S請她在餐館吃飯，她絕少和S互動，只拼命為男友夾菜；事後還抱怨餐館安排不好等等。兒子生日邀此女至家中，餐後此女與兒子熱情說笑，S去廚房泡茶。兒子進房拿東西，她主動跟進去到處觀望，令S不爽。

S對她多有疑慮，無奈兒子認為她坦白、善良、聰明，似乎已認定二人關係。該怎麼辦？

廖老師建議

年輕人的戀情，父母反對也往往束手無策。妳擔心的是女方家庭包袱很重，以後要負擔年老雙親和哥哥；且其兄很可能是遺傳性精障。這些重擔往後必由妳兒子與她共同或獨力承擔。本想將一房在兒子結婚時過戶給他，但想到女方情況，又無法安心。

兒女婚姻難由父母主意，但妳可以向兒子坦承對女方態度與家庭重擔之不滿與憂慮，也提醒兒子未來是否承擔得起；最重要的是，必須讓兒子知道妳得繼續以房租養老與照顧女兒，所以他未來的家庭負擔都得他自己一肩擔起，請他體諒，不要指望老媽奧援。

幸福小祕訣：年輕人的戀情父母反對也往往無用，就先提醒孩子未來可能的狀況即可。

兒子交個大七歲的女友

難以接受兒子談姐弟戀的林女士來信求助：

林女士的兒子剛退伍就業，木訥老實，原以為他不易交到女友，卻從其臉書中發現他正與大七歲的女同事交往。女方看起來外表、工作都ＯＫ。林女士與兒子談過，兒子坦承戀情，並明白表示：即使媽媽不贊同，他們還是會交往下去。林女士不知現在要怎麼辦才好？

廖老師建議

姐弟戀在現代社會中雖然越來越平常，但身為男方家長，要接受卻也沒那麼容易，相差七歲，男方正起步，女方卻即將面臨高齡產婦的大壓力；比較保守的父母，甚至還要擔心「社會觀感」的問題。

我想勸妳：上述那些都還不到「立即顯現」的危機，先別擔心太早，更不用因此而母子決裂。基本上，他們兩個當事人所面對的壓力和要克服的困難，遠比家長所能感受的要大許多，兒子都已明白表示他不會顧慮母親的反對，妳何必積極表態？反正不管妳意下如何，他都會我行我素下去，妳反對亦枉然。

我是說，論及婚嫁最少還要兩、三年，妳兒子或許可能改變。若果其志不移，兩情彌堅，那不也是美事一樁？屆時女方才三十五歲，要生育，時間還非常充裕；而且妳也承認女方外表、工作都ＯＫ，所以只要她也懂事、敬重未來公婆，那有什麼好反對的？（問題是：反對有用嗎？）如果是確定不移的事，就欣然接受吧。讓兒子為難，不就等於做父母的在為難自己？要娶的人是他，好壞皆須由他自負，現代父母在這點上的影響力正急遽衰退中，螳臂擋車，徒增怨尤。

至於所謂社會觀感，有那麼重要嗎？父母也要學會放下非必要的重擔。

幸福小祕訣：

讓子女為難，也就等於為難做父母的自己，有時可以學著放下不必要的重擔！

擔心初戀的女兒吃虧

吾家有女初談愛戀的煩惱母親李女士來信告急：

李女士的女兒讀大二，前幾個月學校放假，女兒一直在外打工，李女士因此趁這時請木工來家重新裝潢。不想木工師傅帶來的學徒，居然用手機line女兒跟他交往。第一次出去就牽女兒的手，李女士偷看女兒的line，那男的竟寫「老婆我愛妳」，李女士幾乎發瘋。逼問女兒怎麼會跟他在一起？女兒回答不敢讓母親知道，怕母親生氣。

李女士表面說不反對女兒交男友，「畢竟這是人生必經過程」，其實心裡擔心得要死，想知道如何能讓女兒凡事都跟她說又不會吃大虧？

廖老師建議

我想妳反對女兒交這男友，原因大約有兩個，一是對象是個木工學徒，可能學歷有些差距；二是這男生和女兒的交往過程太過迅速，女兒沒談過戀愛，男生卻攻勢猛烈，第一次出去就牽她的手，第二週就叫她老婆……一日千里！男生看起來像老手，女兒卻是第一次談戀愛，妳怕女兒吃大虧，心裡恨不得拆散他們，嘴裡卻假充大方，好痛苦！

我猜想：初次談戀愛的女兒，對愛情充滿憧憬，完全不設防也不想設防，所以才會進展如此神速，也不必一味怪罪對方。

我但願妳曾在女兒成長階段對她做過性教育，教她如何避孕、保護自己，如果沒有就趕快教導她。至於她和男友進行到幾壘、做了什麼事，妳就別多問了！問了子女也不會說真話。

但妳對女兒交往、戀愛的想法，可以理性的表達；只要不歇斯底里，好好的分析，相信女兒可以聽得進去。

小輩有自己人生的仗要打。為母者的悲苦，就在於：明知她會跌倒，卻也只能放手看著她跌她起，唯有站在一旁做他們的後盾。

幸福小祕訣：

對兒女戀愛若有想法，試著理性表達、好好分析，別歇斯底里。

讓三十四歲女兒決定自己的婚事吧

憂心忡忡、完全慌了手腳的李媽媽來信說：

李媽媽的女兒外形搶眼，國立大學畢業，與同班同學交往七年，男孩在她家自由來去、形同家人；女兒畢業後進銀行工作，同時與另一男同事交往，後者當時正準備結婚，為了女兒，竟然在結婚後馬上離婚！女兒也毫不留情的甩了正在當兵的男友！

李家父母堅決反對女兒與那男同事交往，將她送往美國兩年念了一個碩士回來。回台後工作順利，感情卻空窗多年。女兒自己意識到青春不再，半年前參加婚友社，認識小她三歲、私大畢業從事設計工作的男孩。

數天前女兒告知李女士，她已懷孕，要和男友結婚，問題是男孩單親，很窮，與無業母親及姐姐合住月租一萬元的房子。女兒沉痛爭取：「他窮不是他的錯，妳就當他是孤兒吧。」而女方父母是軍教退休衣食無虞；女兒房間堆滿衣鞋皮包，李媽媽不知她如何面對往後清貧的生活？更不知該叫女兒即刻拿掉孩子，還是讓她辦一場完全由女方出錢主導的婚禮？

廖老師建議

女兒的第一任男友，妳與先生是接受的，可惜女兒移情別戀。第二任男友為新歡狠甩妻子；女兒的角色與男人的行為讓父母承受不起，因此出手干預。但這第三次，女兒以懷孕表明決心。父母當然是愛子女的，但強勢干預的結果，並不能保證幸福，反而易生怨懟。女兒已三十四歲，就算再任性，應該也明白婚姻這種事，好壞都須一己承擔；對方很窮當然會辛苦一點，但走不走得下去，還有很多因素。女兒已做出決定，就算豪賭，父母就尊重她一次，祝福她吧。

幸福小祕訣：

父母都是愛子女的，但強勢干預子女情感，不僅無法保證幸福，還可能徒生怨懟。

不過就是愛搞怪罷了

美媽為了讀大二的獨生女許多特異行徑傷腦筋：

美媽的獨生女自小被寵愛，虛榮心很強、看錢太重、自私自利、缺乏自信心、不愛讀書、只做自己喜歡的事，諸如熱愛動漫、玩角色扮演、寫文章等等。她自小學五年級起，和一群同學嗜讀男男戀的書，還加入男男戀社團，擔任創辦人和總召，最近美媽更獲悉女兒急著集資出版男男戀書籍。

親子間曾就這些問題溝通，針對父母反對出書，女兒直接回答：「我喜歡為什麼不行？同學是老師的女兒，念新竹女中時都可以休學一年出書，我為什麼不可以？我現在不做，將來就沒機會寫了！」美媽直覺女兒是被別人鼓動的。

夫妻倆也問過女兒是不是同性戀？女兒否認。除了擔心女兒性向，二人多少也認為女兒個性有點像傻大姐，很擔心她被鼓動、受騙上當。就是放心不下，卻苦無對策。想問要如何阻止女兒出這種書？以及應如何引導她「正確」的兩性觀念？

廖老師建議

妳對女兒的評價似乎有點負面，我的想法是：孩子能有一個想嘗試的方向或事物，即使不見得在這些方向具備天分，也不見得在主流價值之內，但只要有熱情、肯下功夫，都值得鼓勵。女兒會說「現在不做就來不及了」，會不會是快有面對成人世界的逼迫感，到那時她或許必得考慮所謂社會觀感，可能會回歸於一般的社會規範之內？即使不這樣，這種探索或好奇，其實都在可允許的範圍內。至於是否同性戀，更不必擔心太多。老實說，不管是不是，她都是自己的兒女；而且，性向如何，也非父母能夠改變；父母能做的，除了祝福和包容，還是祝福和包容。

幸福小祕訣：

孩子有想嘗試的事物，也肯下功夫，無論是否具備天分都值得鼓勵！

為了休不休學母女翻臉

單親媽媽周女士為了女兒非常煩惱：

周女士的女兒現年二十歲，從襁褓中就沒有爸爸，母女倆相依為命到如今；高中時女兒有自殘現象，曾在心理醫生處看診過一陣子。大學住宿，適應上有困難，時常回家；到了下學期，女兒表示想休學找工作，不願為文憑畢業後即負債六十萬。周女士為此有不同意見，母女經常大吵、感情降到冰點。不知道如何是好？

廖老師建議

每個孩子都是獨特的，他們的問題也要個別判斷。

尤其妳的女兒在高中時曾有自殘現象，更應小心處理她的情緒問題。

首先是離家住宿和休學問題。既然女兒已表達適應有困難，而且經常回家（代表無法處理和面對），事實上她已向妳發出明確的求救訊號，鑑於之前她曾有過自殘行為，我認為妳可能必須用更開放的態度思考她的休學意念，要更有彈性的與她討論，請勿無謂的堅持己見。依我判斷，她念的應是私校，現在大一，未來三年半或四年，以她狀況要繼續下去會有困難。龐大學貸是一個問題，女兒的健康是另一個問題；能快樂健康生活下去，才是妳們最大的幸福。我贊成她休學，先去工作；過一陣子如果想法改變，可以去考離家最近的學校，通學最好；或參加職訓局的各種技能訓練。台灣目前的大學文憑沒什麼用，應考量自己的條件做抉擇。

以妳們的情況，母親請盡可能做女兒的後盾，請支持她，了解她適應的困難和痛苦。

另外，如果女兒有看診的需要，考量經濟的問題，可以到馬偕醫院掛號，好像自費只要六百元，妳可電詢女兒應掛那位諮商師較好。祝福妳們，請加油！

幸福小祕訣：若孩子已明確發出求救訊號，做父母的請盡可能成爲他們的後盾！

生不生，讓子輩自己決定

已做婆婆的李女士來信問兒子和媳婦的問題：

李女士之子、媳各三十五及三十三歲，結婚五年，雙方本說定不生孩子；但最近媳婦看同事紛紛生子，萌生想生的念頭。子媳二人目前都在同一城市工作，最近也針對此問題深談過，兒子不移其志，打算四十五歲就退休回南部做自己；媳婦卻打算五十五再退，二人做假日夫妻。兒子對媳婦的決定都贊同，只擔心她到時無子女相陪，孤身一人會怨他，所以建議她先冷凍卵子，二人離婚，讓她能找到願意和她生養孩子的對象，屆時再以自己冷凍之卵子生育。但此提議被媳婦拒絕。

李女士曾建議過繼媳婦哥哥次子或次女（其兄只有一子，未生第二個），也被媳婦否定。

兒子覺得對妻子很愧疚。李女士更不知子媳的婚姻要如何走下去才好，非常煩惱。

廖老師建議

老實說，現代父母對子女的婚姻或是否生養子女這種事，真的是越來越沒有影響力；而青壯年人口卻也表現得越來越有主見，甚至可說是我行我素。

在這種狀況下，父母輩應該覺醒，大家各有人生，既無法求「養兒防老」，那就各守分際、人生自決，不必越俎代庖替子輩做任何重大決定，免得往後相怨。

妳的兒子媳婦，表面上看起來是有感情的；但卻又愛得不夠多，各自堅持己見，在生活方式、人生價值上都有歧見。但在是否生育這一項上，恐怕妳的意見也摻雜進去，讓年輕人加上很多困擾。

放心別管吧！不只是放手，而要真正放下罣礙，讓年輕人自決。那畢竟是他們的人生，攪進去對三方都沒益處。

幸福小祕訣：

年輕人的事，就放手讓年輕人自己處理吧！

對嫉妒的親人盡情分就好

住在紐約、有美滿婚姻的S小姐來信說：

本來很親密的母女與姐妹關係，近來卻因父親腦癌及各自感情生活不同而生變。S的媽小鳥依人三十三年，直到爸爸生病腦功能退化、現在不講話也不太理媽媽，使她頓失依恃；而妹妹在舊金山曾有一白人男友，因想回台灣發展加上掛念爸爸病情而回國，結果遠距戀情兩、三個月就分手。母妹二人，同時成為實際上的無偶狀況。

不知怎的，無偶的母妹感情突然變得很好；而媽媽口中「唯一有感情依靠」的S，忽然就被排擠在外，無論怎麼努力都無法恢復從前那種親密關係。在飽受冷落的氛圍中，媽媽責怪她對妹妹不夠好，妹妹也不願意跟她拉近距離，在處處不討好的情況下，她很想求去，卻擔心一旦父親不在，母女三人失去黏著劑，可能就此疏遠。她不能逃避，卻又無法靠近，左右為難好折磨。不知如何才能在親情和家庭間取得平衡且不造成遺憾？

廖老師建議

或許妳過去對妹妹真有疏忽之處，可能自己沒有感覺或故意漠視；現在遇上母妹同時「失偶」，在小小的嫉妒下燃起新仇舊恨，讓人招架不住。妳不妨反省一下，若能對「過往疏失」誠懇以對（如果真有的話），坦白溝通，或有化解可能。而若純粹都是母親和妹妹單方面的情緒，既然溝通無益，我建議妳應讓先生明白目前父親的現況，以及妳必須留下來分攤照顧責任的必要。丈夫既然對妳很好，一定能體諒。然後盡情分的照顧父親，但求無愧的與母妹相處，一家人互相扶持陪爸爸走完這一程。

千萬別一心只記掛遠在紐約的先生而處處表現出神不守舍、不如歸去；這樣一定會讓妳們的關係雪上加霜。

幸福小祕訣：有時眼前的不和可能是新仇加舊恨的結果，試著誠懇反省面對！

向子女要錢宜公平而合情理

為家用之事很不諒解媽媽的E來信：

E今年二十五歲，大學畢業三年，未婚住家裡，是四姐妹中的老么。任職旅行社月薪約兩萬五的她，父為鐵工廠工人、母是褓姆，都已退休。工作第一年，母規定她月給家用一萬五千，第二年因換工作、通勤費用增加，月給一萬三千；第三年，她以要存錢學開車及參加公司國外旅遊為由，月給一萬。

其實E很不想給這一萬元，主要是她三個已婚姐姐，雖平均要養三個小孩，但雙薪都在八萬元以上；卻只月給父母三千元而已（不到收入的4％。且幾位姐姐常藉口股票輸錢、姐夫上賭船賭輸、小孩交學費或補習班要繳費、年底交保險費等爛理由，回家哭求父母金援。父母還讓三姐報扶養，她卻還得補稅。若非親耳聽到，她也不相信姐姐們會用苦肉計啃老，而且還每次得逞。

她多次向母抗議，認為姐姐們不給錢也就算了，豈能一再回家啃光二老？母卻替姐姐們說話：「養小孩很花錢，所以妳以後要找有錢人嫁，就可以給父母多一點錢用。」此語引起她更大反彈！

E曾因旅遊旺季連續十多天加班到十二點才回到家，母親突然開她門打開燈、質問她為什麼沒給錢？甚至還要拿她提款卡自行去領……讓她覺得親子之間只剩錢太傷心，真想搬出去住，永遠不理他們！卻又覺如此很不孝……

廖老師建議

妳的母親偏心，要錢嘴臉也難看。扣掉勞健保和所得稅，月交一萬出去，妳大約就只剩下一萬可用；尤其三個姐姐以賭債等來啃老，父母本就不該借錢。但回頭想：住家中可省下幾千元，或許就心平一點。搬出去住也該月給父母幾千元，大家好好溝通一下，至少父母應主動每月向姐姐們要點錢回來用，這才公平合理。

幸福小祕訣：

遇到父母偏心時，也只能好好溝通了！

宗教造成的家庭不安

惠惠女士來信詢問：

惠惠是家庭主婦，一向信仰台灣民間的佛道教，一家之主八十七歲公公仍健在，當然更是家中不能撼動的信仰中心。但她的獨子上大學時交往的女友為基督徒，後來兒子在美國做交換學生時更受洗為基督徒。

一家之內宗教不同，無形中存在著一道不小的鴻溝，何況彼此都信仰堅定、非常「排外」；惠惠既擔心家人感情衝突，又覺得兒子與父母日益疏離，重重心事，如何排解？

廖老師建議

信仰的可貴，在於渡己渡人，解答現世困惑，指點死後可能的得救之道；但信仰更珍貴之處，卻在於毋須運用蠻力互相勉強，不仇視不詆毀不心急，上天自有渡人之力和應許的時空。有一些人即使今天被引入宗教聖堂，他不排斥，卻也並未馬上順服；終要等到因緣俱足，心念感動才會皈依或信服——如此的信仰才是真正的信仰。

我想：自由之可貴乃在尊重他人之自由，於宗教範圍，是可以引介、導引和解說，但對方是否接受、以及何時接受或者根本不受，那是他的自由。引介者好心希望對方能得救，但若對方不在乎得不得救，又能奈他何？這是宗教自我規範的界線。

公公已八十七歲，信仰根深柢固，自有他得救的心理門道，做晚輩若知此舉定會引起家變且無力改變尊長，何必多事又忤逆？

而父母不妨給兒子一個機會，不必排斥、敞開心懷去感受教堂的榮光和喜樂。去過幾次，再以自己的感覺與兒子溝通。信不信或去不去，到這地步就應尊重各人的選擇。

至於子女長大後會不會與父母疏遠？我們換個方式講好了，長大的子女有他們忙碌的人生，與父母相處的方式會改變，是父母該學著「放」與調適的時候了。

幸福小祕訣：孩子長大了與父母相處的方式總會改變，學著調適吧。

被強迫且無禮對待的婆婆

汪女士被迫帶孫子，又在一週後遭掃地出門，一肚子怨氣：

六十三歲的汪女士有二子，都已婚且和她同住。長媳生下孫子時，夫婦倆未跟她商量就很自然的將孩子交付她照顧，直到上幼稚園為止。次媳最近也生，汪女士雖不想帶，卻被次子抗議不公平。生產前次子夫婦搬出去另住，但孩子生下後卻要求婆婆到他們住處照顧。無奈前去的汪女士，一星期後卻被嫌衛生習慣不好而請回！呼之即來揮之則去，汪女士既委曲又憤怒。

廖老師建議

現在很多年輕人經濟情況尚不穩定就生孩子，想當然耳的責任就推給父母或公婆。

他們可能這樣想：反正父母閒著也是閒著；而且年齡不大、差堪使用。說不定還有人覺得把小孩讓父母帶，是給父母的恩惠，否則老人家未免太無聊了。

可是如果我們對父母做一番市場調查，往往發現這些初老者，其實根本不想承接這種「有功無賞、打破要賠」吃力不討好的工作。時代改變，老年的年齡已往後延長好幾歲，對「餘生」觀念也完全改觀：忙了大半輩子，好不容易將子女養大，剩下來應該過過以前礙於責任無法如願的生活，為什麼還要被小輩強迫替他們帶孩子？明明已大聲講出不願意，為何求人的一方完全不顧他們的心聲？

從妳的例子可以看出所謂的新時代年輕媳婦，很多是沒有家教、自私而不懂禮數的！別說婆婆了，即使妳用錢請了褓姆，難道也可如此隨性強迫對方離開自己住慣的家，到妳住處看小孩；然後又在一週後以衛生習慣不好叫人家捲鋪蓋？妳是騙肖ㄟ嗎？結婚時妳明明住在婆家，那時怎麼沒說婆婆衛生習慣不好？

人再強勢也該懂點禮數。婆婆不是生下丈夫、理應適度尊重的長輩嗎？

幸福小祕訣：

把小孩託給父母帶對方未必樂意，請記得多點尊重！

逍遙學做三不管父母

五十三歲的王女士很想念不同住的兒子媳婦，希望他們能常回來、多聯絡：

王女士的兒子結婚後在家住了四個多月，兒子與媳婦婚前交往了十二年，所以王女士與媳婦也很好的相處十二年。

之後子媳離家到台中友人處工作，剛開始媳婦還會傳簡訊給王女士抱怨工作等，而且那一年兒媳二人還經常回來看她。

可第二年媳婦換工作之後，簡訊少了，足足一年七個月才回來一次，連通電話也沒打……假日說太累要補眠也不回來……

王女士既想念又難過，卻又無可奈何。兒子說媳婦喜歡隨性自由，她卻覺得這算什麼理由？想知道該如何才能讓媳婦恢復以往的親密？

廖老師建議

妳擁有過一段和媳婦的甜蜜相處經驗，那是美好的回憶。媳婦自到台中另找工作之後，態度丕變；對照之前的「貼心」，妳心裡難免不平衡，兒子說媳婦隨性自由，或許這才是她真正的個性。過去與妳兒子交往十二年才結婚，也許她心中也有某種委曲和不安，必須重視準婆婆的觀感。婚後四個多月與婆婆同住、常傳簡訊給婆婆，可以視為示好的表現。

我認為：直到去了台中，又離開和先生同一家公司自謀他職，這才是她展露自信的開始——她對自己開始有信心，知道不必像從前那麼巴結他人；也可能工作真的很累，假期更加難得，必須和丈夫共度。無論如何，這都是好事，總比感情不好、吵吵鬧鬧讓妳放心。

現代父母不再必須那麼緊密的和成年子女貼在一起，反而必須提醒自己別做三多父母：管太多、給太多、照顧太多，子輩非但不會開心，反會滋生怨懟。五十三歲好年輕，好好規劃自己的壯年生活，讓自己開心逍遙吧。這才是真正重要的事。

幸福小祕訣：

別做三多（管太多、給太多、照顧太多）父母，好好規劃自己的生活吧！

廖輝英作品集 18

原諒，爲什麼這麼痛？

作者	廖輝英
特約編輯	施舜文
創辦人	蔡文甫
發行人	蔡澤玉
出版	九歌出版有限公司 臺北市105八德路3段12巷57弄40號 電話／02-25776564・傳眞／02-25789205 郵政劃撥／0112295-1
九歌文學網	www.chiuko.com.tw
印刷	晨捷印製股份有限公司
法律顧問	龍躍天律師・蕭雄淋律師・董安丹律師
初版	2014（民國103）年11月
定價	260元

書號 0110418

ISBN 978-957-444-970-5

（缺頁、破損或裝訂錯誤，請寄回本公司更換）

國家圖書館出版品預行編目資料

原諒，爲什麼這麼痛？/ 廖輝英著. -- 初版. -- 臺北市 : 九歌, 民103.11

面；　公分. --（廖輝英作品集 ; 18）

ISBN 978-957-444-970-5（平裝）

1. 兩性關係　2. 戀愛　3.婚姻

544.7　　103019945